国家社科基金青年项目"面向技术更替的积分限额交易型产业政策作用机理与政策优化研究"（19CGL056）研究成果

积分限额交易型产业政策作用机理与优化研究

Research on the Mechanism and Optimization of
Industrial Policy of Credit Cap-and-Trade

周钟 著

上海交通大学出版社
SHANGHAI JIAO TONG UNIVERSITY PRESS

内容提要

围绕双积分政策是否起到旧技术增效限产、新技术增产提效的引导功效，以及作为市场主体的企业会如何应对与相互博弈等重要问题，本书通过系统梳理我国新能源汽车发展历程与产业政策，在分析双积分政策产生背景、框架与原型的基础上，采取先实证研究，后建模仿真，再实证研究的方案，阐述了双积分政策的作用机制、政策效果、单个企业的政策适应行为、企业间合作与博弈，最后实证分析了双积分政策对企业竞争力的影响。

本书适合负责产业政策制定的政府部门、整车制造企业以及从事汽车产业转型升级研究的学者阅读和参考。

图书在版编目(CIP)数据

积分限额交易型产业政策作用机理与优化研究/周钟著. —上海:上海交通大学出版社,2024.3

ISBN 978-7-313-30282-3

Ⅰ.①积…　Ⅱ.①周…　Ⅲ.①汽车工业－产业政策－研究－中国　Ⅳ.①F426.471

中国国家版本馆 CIP 数据核字(2024)第 050629 号

积分限额交易型产业政策作用机理与优化研究

JIFEN XIAN' E JIAOYIXING CHANYE ZHENGCE ZUOYONG JILI YU YOUHUA YANJIU

著　　者:周　钟			
出版发行:上海交通大学出版社		地　　址:上海市番禺路 951 号
邮政编码:200030		电　　话:021-64071208
印　　制:江苏凤凰数码印务有限公司		经　　销:全国新华书店
开　　本:710mm×1000mm　1/16		印　　张:13
字　　数:191 千字		
版　　次:2024 年 3 月第 1 版		印　　次:2024 年 3 月第 1 次印刷
书　　号:ISBN 978-7-313-30282-3		
定　　价:68.00 元		

版权所有　侵权必究

告读者:如发现本书有印装质量问题请与印刷厂质量科联系

联系电话:025-83657309

新旧动能转换是当前国家产业转型升级的关键，以燃油与新能源汽车产业为典型，企业所面临的并非简单的研发意愿欠缺或投入不够而导致的创新不足：作为旧技术的燃油汽车在需求和盈利方面处于优势，但燃油经济性带来的资源与环保压力与日俱增，面对当前过量的产能产量亟待增效减/限产；相对应的，新能源汽车作为产业发展趋势的新技术，补贴、优惠、限行等组合政策下仍需求有限，基础投入大而缺乏盈利，严重影响企业产能、产量资源分配的积极性。在创新驱动和需求拉动相互掣肘难以推进产业发展的背景下，政府政策成为打破困境、引导新技术新业态成长发展的关键。由此引出的问题是，什么类型、机制与原理的政策能够匹配当前的产业转型与技术更替需求？作为市场主体的企业会如何应对而企业间会如何博弈？产业技术路径、产能规模是否会按既定规划发展？

政府意识到上述问题，在新能源汽车领域已出台近50项国家政策的基础上，工业和信息化部于2017年发布《乘用车企业平均燃料消耗量与新能源汽车积分并行管理办法》（简称"双积分政策"）。该产业政策以积分方式量化技术的能效特性并设置目标值，同时提供企业间正积分的交易机制,本研究将该政策抽象定义为积分限额交易型产业政策。此类政策是否能起到旧技术增效限产、新技术增产提效的引导与惩罚约束功效,政策机理尚不清晰,且是否能被拓展应用于其他新产业发展,其适用性、与现有政策的效果差异以及优化策略等均有待深入研究。

以新能源汽车作为新产业发展的具体领域,产业推动政策的研究略滞后于国家政策的发布出台。早期刘兰剑和宋发苗(2013)、卢超等(2014)对中外新能源汽车产业政策进行了比较、梳理、评价,并对其中的经验与启示进行了探讨;采用内容分析、文本分析、数据分析等手段,学者们对国内所颁布的产业政策做了较深入的解读、剖析和评估(陈衍泰等,2013;谢青、田志龙,2015;王薇、刘云,2017;Zhang & Qin,2018;马少超、范英,2018);此外,从供给面、环境面和需求面三个政策类别出发,现有研究关注了政策的内在形式、作用机制及落实效果等,如李绍萍和李悦(2016)、马亮等(2017)、Fan 和 Dong(2018)、熊勇清和秦书锋(2018)、Wang 等(2019),重点探讨了财税、补贴等政策工具的影响以及需求侧的消费者意愿等(Lou et al.,2020)。梳理以上研究发现,政府已经发布施行与学术研究所关注的政策工具,较少直接作用在新能源汽车创新价值链的产业环节,多围绕研发和需求两端。同时,现有研究较多关注产业创新政策体系的完善、创新政策工具的梳理与分类,针对政策如何影响企业研发活动、新技术的管理与运营等微观层面的研究相对较缺乏。

与积分政策的约束性相似,以保护环境为目的的规制政策较早被关注(张成等,2011;宋马林、王舒鸿,2013;Song et al.,2018),即政府出台的以法律、规定、协议等为存在形式的约束,包括环保标准和规范、技术指标等命令控制型规制,以及产品税费、补贴、信贷刺激等激励型规制。现有研究主要关注环境规制政策对宏观产业方面的影响,包括劳动生产率(金刚、沈坤荣,2018;李卫兵等,2019)、产业升级(周柯、王尹君,2018;李强、丁春林,2018)和绿色技术创新(Ramanathan et al.,2017;伍格致、游达明,2018;任胜钢等,2018),尤其关注不同政策的强度(周晶淼等,2016;徐建中、王曼曼,2018;Sheng et al.,2019)。在应对全球变暖而限制碳排放的政策中,被称为"总量控制与配额交易"的机制被各国应用,并受到学术研究的关注(Stavins,

2008;Goulder & Schein,2013;刘名武等,2015)。该机制是激励型环境规制政策的演变,具有经济刺激特性且附带约束性。现有研究侧重点较分散,包括碳限额与交易机制下企业的生产制造(蒋雨珊、李波,2014;常香云、朱慧赟,2015;Chai et al.,2018),低碳投资决策或技术选择(丁志刚、徐琪,2015;刘名武等,2017;刘名武等,2018),供应链合作、博弈与优化(曾伟等,2015;曹裕等,2016;Li et al.,2018),政策效果及与其他碳减排政策的优劣比较等(Hou et al.,2018;Chan & Morrow,2019)。梳理可见,环境规制政策的研究较多集中在其宏观影响,对企业技术研发、生产决策等微观决策行为的研究较欠缺。国内对限额与交易机制的关注较少且分散,对该类政策实施效果的把握与认知有所不足,尤其是与其他产业发展政策的差异尚不清晰,多政策机制组合应用的机理有待明晰。

产业政策因目的与机理不同而效果各异,企业作为市场主体,产业政策对其创新方面的影响受到较多关注(余明桂等,2016;Schot & Steinmueller,2018)。针对环境规制政策,Porter 等(1995)认为企业遵守环境法规的成本,将被鼓励技术创新所降低的成本抵消,这被称作"波特假说";Hamamoto(2006)证实了此假说,其研究表明严格管制会刺激企业增加研发投入,对要素生产率增长有显著正向影响。此后,更多研究开始关注环境规制、研发投入与创新绩效间的关系(Jiang et al.,2018),一种观点认为环境规制和技术创新之间存在先下降后上升的 U 形动态关系(沈能、刘凤朝,2012;蒋伏心等,2013),该影响关系因所处地区、企业特质而存在差异性(王国印、王动,2011;Ramanathan et al.,2017),且对企业绩效的影响有滞后性(颉茂华等,2014)。另有研究发现不同类型的环境规制政策对企业创新的影响各异,例如,外生环境规制具有负向作用(娄昌龙、冉茂盛,2016)。环境规制中,补贴作为一种激励性政策,其对企业创新的影响受到较多关注,微观层面主要包括政府补贴对企业风险承担、研发决策、研发投入、创新模式选择等的影响(毛其淋、许家云,2016;Greco et al.,2017;孙晓华等,2017),宏观方面涉及产学研合作、供应链价值、协同网络等(Broekel et al.,2015;Szücs,2018;张正等,2019)。

综上可以发现,在双积分政策发布实施以前,对于限额交易机制影响的研究较少,较多以碳配额或限额作为约束条件,研究企业再制造生产决策、低碳技术选择、绿色技术投入定价等(张焕勇等,2018;郭强等,2018;Chai et al.,2018),发现企业会选择不同产品组合、企业最优定价取决于限额的产品边际利润等现象和结论。国内学者更关注该机制对供应链的作用,包括供应链碳排放与减排、生产库存控制策略等(陈晓红等,2016;康凯等,2017)。综上,现有研究表明采取限制性、约束性的政策措施,会影响企业的研发、创新以及供应链环节中的博弈和协调,但对于新旧两种技术的竞争、迁移和更替的作用有待深入探讨,对于如何设计政策实现旧技术增效限产、新技术增产提效,而非简单地抛弃旧技术、扶持新技术,特别是政策措施与市场因素两者间的制衡关系,政策如何影响企业研发与运营决策,以及企业面对政策在技术管理与运营上的适应性行为,现有研究的解释力有限,作用要素与过程尚不清晰,在理论机理与政策实践方面均有待进一步研究。

自双积分政策发布以来,学者们对其开展了广泛深入的研究。有些学者侧重于对双积分政策的解读及其有效性的宏观分析,较多学者运用最优化、博弈论等建模方法,讨论双积分政策下汽车企业的生产和研发决策。传统汽车企业和新能源汽车企业的生产决策会考虑不同因素。Lou 等(2020)建立了决策模型探究双积分政策的实施对燃油经济性和产量的影响,发现积分不达标情况下企业高油耗车有增产的可能。考虑消费者因素的同时关注技术水平和积分成本,Li 等(2022)通过双寡头市场博弈模型,分析了不同积分获取渠道下的最优生产决策,发现了选择混合获取策略的优势。He 等(2022)在考虑积分价格变化和投资成本的情况下,分析了双积分政策体系对传统汽车制造商电气化转型决策的影响,并计算了投资电气化的最优时间。Wu 等(2022)考虑到具有环保意识的消费者,建立了水平分化汽车市场模型,探究企业在价格、产量和能源效率方面的联合最优决策,发现绿色消费者数量和新能源汽车积分价格与电动汽车的采用呈正相关关系。Li 等(2020)认为电池回收率是电池回收补贴政策和双积分政策下新能源汽车企业生产决策的关键影响因素,也进一步验证了双积分政策相对于补贴政策的有效性。Li 等(2020)建立了一个多期积分市场动态均衡模型,发现新能源汽车积分指标的上升可以促使新能源汽车产量增长。Zhou 等(2019)分析了在两级供应链中双积分政策对绿色技术投资和定价决策的影响,认为政策对汽车制造商投资绿色产品起促进作用的同时还会刺激企业增加研发投入。然而 Yang 等(2022)利用 DID 模型,从生产规模和技术创新维度发现不仅政策的实施会导致新能源汽车企业的业绩下降,研发投入也会加剧企业绩效的负面影响。

本书研究首先致力于明晰积分限额交易型产业政策的内涵特征与作用机制,揭示政策影响企业技术研发决策与运营策略的过程,评价该类政策对推动技术更替、产业转型升级的施行效果;其次,解释新旧技术产能、性能与积分正负等不同类别企业响应政策的适应性行为,探析差异化外部需求环境下企业间围绕积分交易的博弈行为,预测描述产业不同技术的路径演化过程与受影响机理。在此基础上,提出融合积分与目标值的产业政策优化设计方案,为政府部门面向更广的产业领域制定科学的产能升级转化政策提供依据。

本书研究针对技术更替的积分限额交易型产业政策作用机制,探析此类型政策如何影响企业新旧技术的研发、管理与运营,以及企业的适应性决策行为,这将补充现有政策研究较多围绕创新价值链研发与需求两端的现状,反映现有政策作用研究较多关注宏观层面影响的实际,有助于进一步从新旧产能转换方向拓展创新政策的理论内涵,完善多技术管理领域的创新政策研究与理论体系。研究成果将面向负责产业规划的各级政府机构,提供扶持新产业发展创新政策的内容细化与改进策略,致力于实现旧技术增效限产、新技术增产提效等产业发展目标,协助落后产能向新技术产能转化,科学规划和监管特定目标产业的多技术发展路径。同时,为产业政策影响下的企业新旧技术管理与运营,以及企业间的合作与博弈提供咨询建议,推动企业新技术研发及优化新旧技术的产能产量分配。

目录

第1章

我国新能源汽车产业发展及其政策

2017年9月,工业和信息化部、财政部、商务部、海关总署、质检总局等五部门联合发布《乘用车企业平均燃料消耗量与新能源汽车积分并行管理办法》(工业和信息化部令第44号,简称"双积分政策"),双积分政策的实质是通过建立积分交易机制,形成促进节能与新能源汽车协调发展的市场化机制。该政策的出台是基于我国汽车产业发展的实际需要,充分借鉴国外管理经验,目的是促进我国汽车产业的节能减排、绿色发展。

在双积分政策发布前,我国制定的与新能源汽车产业密切相关的政策较多,从规划性文件、免征购置税到给予直接的购置补贴等,种类十分丰富。从2010年国务院发布《关于加快培育和发展战略性新兴产业的决定》,将新能源汽车产业纳入七大战略性新兴产业,到2017年双积分政策发布,这期间尽管国内新能源汽车产销量保持较高速增长,但增速呈明显放缓趋势,表明此前的系列产业政策并未发挥实质性的推动作用。因此,在深入明晰双积分政策内涵特征与作用机制的同时,系统梳理新能源汽车产业政策的体系与演变过程显得尤为重要。

鉴于地方性政策一般为国家政策的延续,本研究将政策文本划定为国家层面,所涉及的政策文本全部来源于公开的数据资料,主要来自政府网站、行业门户网站、北大法律信息网,并通过关联检索、回溯等方式扩大检索范围,最终遴选出59份有关新能源汽车产业的政策文本。通过对文献的梳理,发现基于文本内容研究方向,有的学者将中国目前的新能源汽车产业政策划分为七大类(Li et al.,2016),有的学者则从政策工具和创新价值链两个维度对新能源汽车产业发展的政策文本进行定量分析(王薇、刘云，2017)；基于政策变迁方向，有的学者将中国新能源汽车产业政策划分为政府主导、汽车厂商参与、消费者自愿参与三个阶段(李珺、战建华，2017)，有的学者则构建多层次产业演化分析框架，将演化过程分为启动、发展、扩张三个阶段(刘宏笪等，2019)。

按照政策的类型与功能，加之对前人研究分类方法的归纳与总结，本章以国家层面出台的新能源汽车产业政策为分析对象，将遴选出的 59 份政策文本内容分为四类政策，分别为：发展规划类、推广与补助类、技术与能源限制类、配套基础设施类。

1.1 发展规划政策

发展规划政策是指对新能源汽车产业发展所进行的规划，一般是指国家从宏观层面上，对于本国新能源汽车产业在未来一段时间内的汽车产销量、市场规模大小所做出的规划。近年来，我国在国家层面上出台了 8 项新能源汽车产业发展规划的相关政策，如表 1-1 所示。

表 1-1　新能源汽车发展规划的相关政策

出台时间	政策名称
2012 年 6 月	《节能与新能源汽车产业发展规划(2012—2020 年)》
2016 年 11 月	《"十三五"国家战略性新兴产业发展规划》
2016 年 12 月	《能源发展"十三五"规划》
2017 年 1 月	《战略性新兴产业重点产品和服务指导目录(2016 版)》
2017 年 4 月	《汽车产业中长期发展规划》
2018 年 6 月	《打赢蓝天保卫战三年行动计划》
2018 年 9 月	《推进运输结构调整三年行动计划(2018—2020 年)》
2020 年 10 月	《新能源汽车产业发展规划(2021—2035 年)》

2009—2012 年，我国共开展了三批"十城千辆"工程，这对新能源汽车的推广起到了巨大的推动作用。在这个承前启后的关键时刻，国务院于 2012

年 6 月印发了《节能与新能源汽车产业发展规划(2012—2020 年)》,此规划的实施,既是促进汽车产业技术进步和优化升级的重要举措,又是能够有效缓解能源和环境的压力、推动汽车产业可持续发展的有效手段。为实现产业化、燃料经济性、技术水平、配套能力、管理制度这五个方面的优化,该规划提出了实施节能与新能源汽车技术创新工程、科学规划产业布局、加快推广应用和试点示范以及积极推进充电设施建设这四个主要任务,并在规划中明确提出"以纯电驱动为新能源汽车发展和汽车工业转型的主要战略方向"。

国务院在 2016 年 11 月印发的《"十三五"国家战略性新兴产业发展规划》中,特别提出"要推动新能源汽车、新能源和节能环保等绿色低碳产业成为支柱产业,到 2020 年,产值规模达到 10 万亿元以上"。该规划对于"新能源汽车规模应用""电动汽车整车品质与性能""动力电池产业链""燃料电池汽车研发与产业化""基础设施体系"这五个方面提出发展方向与要求。其中,针对"新能源汽车动力电池提升工程"开设了专栏,明确了重点任务,这大大加强了燃料电池基础材料与过程机理研究,推动了高性能低成本燃料电池材料和系统关键部件的研发。

2016 年 12 月,国家发展改革委发布的《能源发展"十三五"规划》中特别提到,上一个五年计划在"推广与应用新能源汽车,调整能源结构"方面取得显著进展,在接下来的五年计划中,要"把发展清洁低碳能源作为调整能源结构的主攻方向,坚持发展非化石能源与清洁高效利用化石能源并举",加速推进交通领域的电能替代工作。为贯彻落实上述规划,在 2017 年国家发展改革委的第一号文件中,大篇幅对新能源汽车产业的相关内容进行了介绍,彰显了国家对引导全社会资源投向新能源汽车产业的积极态度。

2017 年 4 月,工业和信息化部等三部委联合印发《汽车产业中长期发展规划》,率先对我国汽车产业发展现状进行了分析描述,肯定了我国汽车产业在国民经济中的地位以及作用,进一步分析了当下国际形势,认为我国在建设汽车强国方面具备一定优势条件,并提出经过十年持续的努力,力争关键技术取得重大突破、全产业链实现安全可控、中国品牌汽车全面发展、新型产业生态基本形成,从而使得我国迈入世界汽车强国的行列。为了达到以上目标,该规划提出了在未来一段时间内应该完成的重点任务,如完善创新体系、强化基础能力、突破重点领域等,并对上述任务提出了细致的量化指标进行考核。

2018 年 6 月,国务院印发的《打赢蓝天保卫战三年行动计划》指出,2020年我国新能源汽车产销量要力争达到 200 万辆左右,到 2020 年底,重点区域的直辖市、省会城市、计划单列市建成区公交车全部更换为新能源汽车,并在公共区域建设配套的充电桩。同时,也提出对符合条件的新能源汽车免征车辆购置税,继续落实并完善对节能、新能源车船减免车船税的政策。该计划不仅事关我国经济高质量发展和美丽中国建设,而且有利于提高环境空气质量、促进新能源汽车产业的发展。

2018 年 9 月,为了打赢蓝天保卫战、打好污染防治攻坚战,国务院办公厅印发《推进运输结构调整三年行动计划(2018—2020 年)》,提出对京津冀、长三角、汾渭平原等重点区域的运输结构进行调整,推进现代综合交通运输体系的建设。计划指出要加大新能源城市配送车辆的推广应用力度,在2020 年轻型物流配送车辆中,新能源汽车的使用率在上述重点区域要达到80%,并提出相关部门在条件允许的情况下,应制定相应的便利通行政策、运营补贴机制,降低新能源汽车的使用成本。

为应对气候变化、推动绿色发展,国务院办公厅于 2020 年 10 月印发了《新能源汽车产业发展规划(2021—2035 年)》,针对我国新能源汽车发展面临的核心技术创新能力不强、质量保障体系有待完善、基础设施建设仍显滞后、产业生态尚不健全、市场竞争日益加剧等问题,提出了提高技术创新能力、构建新型产业生态、推动产业融合发展、完善技术设施体系以及深化开放合作这五项战略任务。这不仅预示着我国新能源汽车将进入高质量、可持续的加速发展阶段,也为行业和市场的发展带来定力与信心。

1.2 推广与补助政策

推广与补助政策指的是各国政府推广新能源汽车时所使用的宣传方式与激励手段。新能源汽车推广在新能源汽车产业发展战略中处于非常重要的地位,只有为人所知,满足消费者所需,才能真正地促进新能源汽车产业发展。近年来,针对新能源汽车产业,国家出台了 21 项推广与补助类政策,如表 1-2 所示。

表 1-2 新能源汽车推广与补助的相关政策

出台时间	政 策 名 称
2009 年 1 月	《关于开展节能与新能源汽车示范推广试点工作的通知》
2013 年 9 月	《关于继续开展新能源汽车推广应用工作的通知》
2014 年 1 月	《关于进一步做好新能源汽车推广应用工作的通知》
2014 年 7 月	《关于加快新能源汽车推广应用的指导意见》
2014 年 8 月	《关于免征新能源汽车车辆购置税的公告》
2015 年 4 月	《关于 2016—2020 年新能源汽车推广应用财政支持政策的通知》
2016 年 12 月	《关于新能源汽车推广应用审批责任有关事项的通知》
2017 年 10 月	《汽车贷款管理办法》
2017 年 12 月	《关于免征新能源汽车车辆购置税的公告》
2018 年 2 月	《关于调整完善新能源汽车推广应用财政补贴政策的通知》
2018 年 6 月	《关于创新和完善促进绿色发展价格机制的意见》
2019 年 3 月	《关于进一步完善新能源汽车推广应用财政补贴政策的通知》
2019 年 5 月	《关于支持新能源公交车推广应用的通知》
2019 年 8 月	《关于加快发展流通促进商业消费的意见》
2020 年 4 月	《关于新能源汽车免征车辆购置税有关政策的公告》
2020 年 4 月	《关于完善新能源汽车推广应用财政补贴政策的通知》
2020 年 7 月	《关于开展新能源汽车下乡活动的通知》
2020 年 12 月	《关于进一步完善新能源汽车推广应用财政补贴政策的通知》
2021 年 3 月	《关于开展 2021 年新能源汽车下乡活动的通知》
2021 年 12 月	《关于 2022 年新能源汽车推广应用财政补贴政策的通知》
2022 年 5 月	《关于开展 2022 新能源汽车下乡活动的通知》

为促进汽车消费,加快汽车产业结构调整,推动节能与新能源汽车产业化,2009 年 1 月,财政部和科技部联合发布了《关于开展节能与新能源汽车示范推广试点工作的通知》,主要包括利用财政政策进行支持奖励,鼓励公共领域率先推广使用新能源汽车。为明确财政补贴标准,加强财政资金管理,提高资金使用效益,配套印发了《节能与新能源汽车示范推广财政补助

资金管理暂行办法》，主要内容是中央财政为新能源汽车的购买提供补贴，地方财政则对新能源汽车所需的基础设施进行建设和维护，这拉开了我国新能源汽车补贴时代的序幕。

为加快新能源汽车产业发展，推进节能减排，加强大气污染治理，2013年9月，多部委联合印发了《关于继续开展新能源汽车推广应用工作的通知》。该通知表明将继续开展推进节能与新能源汽车示范推广试点工作，首选排放尾气压力大、人口密集的特大城市及所属区域，并明确了新能源汽车推广示范城市或区域的选择标准，即从推广量、推广品牌数、公共领域新能源汽车采购占比以及地方性新能源汽车相关政策等四个方面进行甄选，每年将对择优确定的示范城市进行动态评估并引入淘汰机制。中央财政对择优选择出的示范城市进行财政奖励，用于支持充电设施建设等方面。此外，该通知也表明将继续对消费者购置新能源汽车提供补贴，但补贴标准因规模效应、技术进步等因素逐年退坡。

2014年1月，多部委又联合印发了《关于进一步做好新能源汽车推广应用工作的通知》，该通知面向新能源汽车市场，根据当年市场规模以及国内外新能源汽车行业的发展情况，对于补贴退坡机制的下降范围进行科学性的调整，在2013年的标准基础上，2014年和2015年的补助标准分别下降10%和20%。同时，为了保持政策的连贯性，该通知表明上述补贴推广政策到期后，中央财政将继续按照当前实际情况实施补贴政策，这为国内新能源汽车市场与消费注入了一针强心剂。同年7月，国务院办公厅印发了《关于加快新能源汽车推广应用的指导意见》，再次彰显了我国对于新能源汽车的推广决心。该意见表明纯电驱动是我国发展新能源汽车的主要战略方向，为加快新能源汽车的推广工作，从7个方面提出了27条措施，这为促进新能源汽车产业健康快速发展营造了良好的环境。

伴随着新能源汽车推广工作的展开与实施，新能源汽车的销售量快速增加。为保持政策的连续性，巩固此前推广政策取得的良好效果，按照上述政策文件的要求，2015年4月，多部委联合发布了《关于2016—2020年新能源汽车推广应用财政支持政策的通知》。该通知表明在未来四年，我国对于新能源汽车的推广将继续采用行政手段进行支持，补助对象与补助产品保持不变,但对于补助标准将依据技术水平、生产成本、规模经济等因素综合考量进行适当退坡。对于生产新能源汽车的企业,要求其应具备较强的研发实力、生产能力和推广手段,同时还需要拥有完善的售后保障体系;对于纳入补助范围的推荐车型,重点关注产品性能、售后保障、关键零部件的质量等方面是否达标,同时提出对于各种骗补行为将予以严厉打击。2016 年 12 月,财政部等部委发布了《关于新能源汽车推广应用审批责任有关事项的通知》,规范了资金的申报程序,明确了各部门的职责范围,对违规违法行为提出了严重警告并将依照法律法规严肃处理,进一步促进了我国在新能源汽车推广应用中财政补助资金管理的规范化,确保资金的安全性和有效性。

2018 年 2 月,财政部等四部委印发了《关于调整完善新能源汽车推广应用财政补贴政策的通知》,对于新能源汽车推广应用所需的财政补贴进行动态调整。在这次调整中,首先进一步提高了新能源汽车获得补助所要满足的技术门槛,更倾于鼓励高性能动力电池的发展。其次,依据成本变化等因素,调整优化了新能源乘用车补贴标准,合理降低了新能源客车和新能源专用车补贴标准,并对不同类型的新能源汽车采用不同的补贴方式。此外,应部分企业资金压力诉求,分类调整运营里程,将原来申请财政补贴需要运营里程达 3 万千米降低至 2 万千米。最后,该通知表明将进一步加强推广应用监督管理,从监管平台、抽检制度、监督渠道、监管责任等方面优化完善,提供一个良好的推广应用环境,促进新能源汽车产业的高质量发展。

2019 年 3 月,财政部等印发了《关于进一步完善新能源汽车推广应用财政补贴政策的通知》。该政策进一步优化技术指标,在注重安全性的基础上坚持“扶优扶强”,主要表现在稳步提高新能源汽车动力电池系统能量密度要求,适度提高新能源汽车整车能耗要求,提高纯电动乘用车续航里程要求。在补贴标准方面,根据新能源汽车规模经济性以及补贴退坡相关规定等,降低新能源乘用车、新能源客车、新能源货车的补贴标准,促进产业优胜劣汰。在资金拨付方面,该通知表明销售上牌后就可拨付一部分资金,提高了资金使用效益,同时规定有里程要求的车辆要在两年之内达标,如不满足,则清算时扣回预拨资金。该通知表明过渡期后将不再对新能源汽车提供购置补贴,而会把资金用于基础设施建设。此外,该通知再次强调了新能源汽车的安全性和一致性方面的监管重要性,对于出现安全事故的企业,将会暂缓或者取消财政补贴。

2020年初,受新冠疫情等多重因素影响,我国新能源汽车市场出现下滑趋势。为了支持新能源汽车产业的高质量发展,财政部等四部委于2020年4月联合发布了《关于完善新能源汽车推广应用财政补贴政策的通知》,将财政补贴实施期限延长到2022年底,同时为稳定市场预期,提前明确了接下来两年新能源汽车购置补贴退坡幅度。在相关政策的支持下和经济稳步恢复的带动下,我国新能源汽车触底反弹。为了进一步推动新能源汽车产业的健康有序发展,四部委又于2020年12月联合印发了《关于进一步完善新能源汽车推广应用财政补贴政策的通知》,明确了不同领域、不同类型车辆的补贴标准,如2021年新能源汽车购置补贴标准在2020年的基础上退坡20%,公共交通领域符合要求的新能源汽车则在2020年的基础上退坡10%,为补贴政策的精准执行提供了依据。

2021年12月,财政部等四部委联合印发了《关于2022年新能源汽车推广应用财政补贴政策的通知》,明确表示财政补贴标准在2021年的基础上继续实施分类退坡,2022年新能源汽车补贴政策将于2022年12月31日终止。工业和信息化部联合相关部门建立跨部门信息共享机制,定期汇总重大安全事故信息,视情节轻重暂停或者取消涉事车型的补贴资格,进一步压实新能源汽车生产企业的主体责任,确保质量和信息安全。

为刺激新能源汽车消费,支持新能源汽车产业发展,自2014年9月起,我国对于列入《免征车辆购置税的新能源汽车车型目录》(简称《目录》)的新能源汽车免征车辆购置税,分别于2014年8月、2017年12月和2020年4月发文公告,对列入《目录》的新能源汽车条件做出规定,并根据新能源汽车的标准体系发展、技术创新进步和具体车型变化等情况对上述条件进行适时调整。公告还指出通过不正当手段骗取列入《目录》车型资格的企业,将依法予以处理处罚,已销售产品出现安全隐患、发生安全事故时,企业也将受到严厉处罚。

除了财政补贴、税收减免等政策工具外,中央人民银行与银监会于2017年10月联合发布了新一版《汽车贷款管理办法》。在此版本中,相较于传统汽车,新能源汽车的贷款发放比例有所提高,自用的新能源汽车贷款发放比例可达到 85%,商用的新能源汽车则可以达到 75%,远远高于传统燃油汽车的贷款发放比例。国家发展改革委于 2018 年 6 月发布了《关于创新和完善促进绿色发展价格机制的意见》,提出要实行差别化电价政策,健全节能环保的电价机制,完善部分环保行业用电支持政策,并指出在 2025 年底前,对实行两部制电价的污水处理企业用电、电动汽车集中式充换电设施用电、港口岸电运营商用电、海水淡化用电,免收需量(容量)电费,以支持新能源汽车的推广。

为促进公共交通领域新能源汽车的消费,财政部等四部委于 2019 年 5 月联合发布了《关于支持新能源公交车推广应用的通知》。通知指出,要适当提高新能源公交车技术指标门槛,重点支持技术水平高的优质产品,技术指标应满足财政补贴的要求,地方财政需要全力支持充电基础设施建设和完善配套运营服务等。同年 8 月,国务院办公厅印发了《关于加快发展流通促进商业消费的意见》,提出要释放汽车消费潜力,实施汽车限购的地区要依据具体情况取消或者放宽限购措施,有条件的地区要积极支持居民购置新能源汽车,同时全面取消二手车限迁政策。意见还提出要扩大成品油市场准入,促进成品油市场消费。除了上述支持政策外,为了稳定增加汽车消费,促进农村地区新能源汽车推广应用,2020 年 7 月,工业和信息化部等三部门联合印发了《关于开展新能源汽车下乡活动的通知》,标志着我国新能源汽车下乡活动再次开启,此次活动促进了新能源汽车销售量的增长。工业和信息化部等部门分别于 2020 年 7 月和 2022 年 5 月再次发文开展新能源汽车下乡活动,支持新能源汽车消费,引导农村居民绿色出行,助力实现碳达峰碳中和目标。在各方面的共同努力下,新能源汽车销售量稳步提升,产业化步伐明显加快,我国新能源汽车产业迈向发展的快车道。

1.3　技术与能源限制性政策

技术与能源限制性政策是各国政府为了促进新能源汽车行业的发展,对新能源汽车行业生产方面的技术标准和相关能源使用限制所设定的政策。我国对于新能源汽车产业在技术方面的标准制定主要是针对电池技术,能源政策则主要以电价以及油耗限制内容为主。近年来,国家出台了 21 项新能源汽车技术与能源限制性的相关政策,如表 1-3 所示。

表 1-3　新能源汽车技术与能源限制性的相关政策

出台时间	政　策　名　称
2014 年 2 月	《2014—2015 年节能减排科技专项行动方案的通知》
2014 年 7 月	《关于电动汽车用电价格政策有关问题的通知》
2015 年 3 月	《汽车动力蓄电池行业规范条件》
2016 年 12 月	《汽车动力电池行业规范条件(2017 年)》(征求意见稿)
2016 年 12 月	《"十三五"节能减排综合工作方案》
2017 年 1 月	《新能源汽车生产企业及产品准入管理规定》
2017 年 9 月	《乘用车企业平均燃料消耗量与新能源汽车积分并行管理办法》
2017 年 9 月	《关于促进储能技术与产业发展指导意见》
2018 年 1 月	《新能源汽车动力蓄电池回收利用管理暂行办法》
2018 年 2 月	《关于组织开展新能源汽车动力蓄电池回收利用试点工作的通知》
2018 年 4 月	《汽车动力蓄电池和氢燃料电池行业白名单暂行管理办法》
2018 年 7 月	《关于做好新能源汽车动力蓄电池回收利用试点工作的通知》
2018 年 11 月	《提升新能源汽车充电保障能力行动计划》
2019 年 12 月	《新能源汽车废旧动力蓄电池综合利用行业规范条件(2019 年本)》
2019 年 12 月	《新能源汽车废旧动力蓄电池综合利用行业规范公告管理暂行办法(2019 年本)》
2020 年 6 月	《关于修改〈乘用车企业平均燃料消耗量与新能源汽车积分并行管理办法〉的决定》
2020 年 7 月	《关于修改〈新能源汽车生产企业及产品准入管理规定〉的决定》
2021 年 2 月	《关于 2020 年度乘用车企业平均燃料消耗量和新能源汽车积分管理有关事项的通知》
2021 年 4 月	《关于调整免征车辆购置税新能源汽车产品技术要求的公告》
2021 年 8 月	《新能源汽车动力蓄电池梯次利用管理办法》
2021 年 10 月	《2030 年前碳达峰行动方案》

　　为了全面推进节能减排工作,2014 年 2 月,科技部、工业和信息化部联合发布了《2014—2015 年节能减排科技专项行动方案的通知》。通知指出,当前我国面临的国内外资源环境问题日益复杂,节能减排科技创新工作存

在诸多问题,如自主研发的节能产品不优、技术不够系统性、企业创新体系薄弱、鼓励创新的配套政策不完善等。针对上述问题,该通知计划面向多领域深入开展节能减排科技创新工作,重点提出了在新能源汽车领域的科技攻克与创新工作。

为利用价格杠杆促进新能源汽车的推广应用,2014 年 7 月,国家发展改革委印发了《关于电动汽车用电价格政策有关问题的通知》,表明对电动汽车充换电设施用电实行扶持性电价政策,其服务费实行政府指导价管理,同时将电动汽车充换电设施配套电网改造成本纳入电网企业输配电价,由电网企业负责建设和运行维护,相应成本纳入电网输配电成本统一核算。这使得电动汽车的使用成本远远低于传统燃油汽车,大大增加了电动汽车对消费者的吸引力。

为引导和规范汽车动力蓄电池行业健康发展,工业和信息化部于 2015 年 3 月制定了《汽车动力蓄电池行业规范条件》。随着市场需求的不断变化和动力蓄电池行业的持续升级发展,该部又于 2016 年 12 月印发了《汽车动力电池行业规范条件(2017 年)》(征求意见稿),在生产动力电池方面,对企业资质、企业生产、企业技术能力、动力电池产品、质量、售后等进行了规范要求。其中提高了对产能规模的要求,要求锂离子动力电池单体企业年产能力不低于 80 亿瓦,系统企业年产能力不低于 80 000 套或 40 亿瓦,贯彻落实了《"十三五"国家战略性新兴产业发展规划》中 2020 年我国动力电池产量应处于世界领先地位的要求。

为建设生态文明提供有力的支撑,实现经济发展与环境改善双赢,2016 年 12 月,国务院办公厅印发了《"十三五"节能减排综合工作方案》,提出要优化产业和能源结构,加强重点领域节能,如促进交通用能清洁化、提高交通运输工具能效水平等。方案同时提出要强化主要污染物的减排,重点促进移动源方面的污染物的减排,具体表现为淘汰高油耗、高排放的车辆。方案也明确要强化节能减排监督检查,动员全社会参与节能减排。

随着新能源汽车的推广应用,与新能源汽车相关的安全事故也逐渐开始涌现。为了规范新能源汽车的生产活动,保障居民的生命财产安全和公共安全,2017 年 1 月,工业和信息化部印发《新能源汽车生产企业及产品准入管理规定》,完善了新能源汽车生产企业的准入标准以及新能源汽车产品的申请准入条件,建立质量信息及时反馈机制及产品安全保障机制,有助于促进新能源汽车产业持续健康发展。为了更好地适应我国新能源汽车产业发展的需要,2020 年 9 月,工业和信息化部印发了《关于修改〈新能源汽车生产企业及产品准入管理规定〉的决定》,进一步放宽了准入门槛,删除申请新能源汽车生产企业准入有关"设计开发能力"的要求,更好地激发了企业活力;加强了事中事后监管,这将有利于促进我国新能源汽车产业的高质量发展。

为进一步提升汽车的节能水平,促进我国汽车产业的健康发展,建立良好的长效机制,2016 年 9 月,工业和信息化部起草了《企业平均燃料消耗量与新能源汽车积分并行管理暂行办法(征求意见稿)》。在经历征求意见稿后,根据我国汽车产业发展的实际需要,在充分借鉴国内社会各界意见和国外管理经验的基础上,次年 9 月,工业和信息化部正式出台《乘用车企业平均燃料消耗量与新能源汽车积分并行管理办法》(简称"双积分政策"),标志着我国双积分时代正式开启,更表明了我国在环境治理方面的担当以及推广新能源汽车产业发展的决心。

为了适应汽车发展新形势,优化管理体制,实现汽车的高质量发展以及节能目标,2019 年启动了双积分政策的修订工作,多部门于 2020 年 6 月联合发布了《关于修改〈乘用车企业平均燃料消耗量与新能源汽车积分并行管理办法〉的决定》。此次修改在统筹考虑、综合测算的基础之上,明确了未来三年(2021—2023 年)新能源汽车积分比例要求,增加了引导传统能源汽车节能的相关措施,增强了新能源汽车积分的灵活性。2019 年末,突发的新冠疫情对我国的社会经济发展造成了巨大的冲击,由于汽车行业的特殊性,受影响程度颇深。车企的积分现状与政策实施的预设目标有一定的差距,为了保障积分市场的平稳运行,促进新能源汽车产业的高质量发展,更好地提升节能水平,相关部门积极采取行动进行应对,于 2020 年初就开启双积分政策的评估、调整工作。多部门于 2021 年 2 月联合发布了《关于 2020 年度乘用车企业平均燃料消耗量和新能源汽车积分管理有关事项的通知》。从关于碳配额的第一版征求意见稿的出台,到目前的双积分政策,带有约束性的产业政策逐步发挥其影响，并通过一系列约束、惩罚、引导措施，推动产业转型升级。

2017年9月，国家发展改革委等五部委印发了《关于促进储能技术与产业发展指导意见》，计划在未来10年内分两个阶段推进储能产业的相关工作，第一阶段实现储能行业由研发示范向商业化初期过渡；第二阶段实现商业化初期向规模化发展转变。具体要集中攻关一批具有核心意义的关键储能技术和材料，重点推进储能技术装备的相关研发，提高储能提升可再生能源利用水平，巩固储能提升电力系统灵活性稳定性，引导储能提升用能智能化水平的推进，提升储能系统的信息化和管控能力。促进我国储能产业规模化发展，为我国新能源汽车的发展提供有力的支撑。

随着近些年新能源汽车的快速推广，我国新能源汽车产量持续攀高，动力蓄电池的回收利用问题也开始逐渐显现，蓄电池若回收利用不当，则与发展新能源汽车的初心背道而驰，甚至会对环境造成不可逆的破坏。基于以上问题，2018年1月，多部门联合印发了《新能源汽车动力蓄电池回收利用管理暂行办法》，提出要建立溯源信息系统对动力蓄电池实现全周期溯源管理，明确了汽车生产企业承担动力蓄电池回收的主体责任，动力蓄电池生产企业承担设计、生产及回收责任，以及其他相关企业在动力蓄电池回收利用各环节履行相应的责任，特别强调了动力蓄电池的回收流程，并严格控制废旧动力蓄电池的流向。同时，鼓励电池生产企业与综合利用企业合理利用废旧动力蓄电池，按照梯次利用再生原则，多层次、多用途、合理化提高能源利用效率，为动力蓄电池的有效利用和环保处置提供有力保障。

为贯彻落实上述文件精神，探索一个在技术方面经济性强、在资源环境方面友好的多元化废旧动力蓄电池回收利用模式，2018年2月，多部委联合印发了《关于组织开展新能源汽车动力蓄电池回收利用试点工作的通知》，公布了联合制定的《新能源汽车动力蓄电池回收利用试点实施方案》。方案提出要在较为发达的经济圈中选择部分地区，构建回收利用体系，开展新能源汽车的动力蓄电池回收利用试点工作，并以试点地区为中心，向周边区域辐射，探索线上线下动力蓄电池残值交易等多样化、新型的商业模式。2018年7月，多部委再次联合印发了《关于做好新能源汽车动力蓄电池回收利用试点工作的通知》,该通知确定了动力蓄电池回收利用试点地区和企业,并强调各试点地区应根据实际情况,加强组织领导,注重区域协作,统筹推进回收利用体系建设。在试点工作结束以后,多部委将会联合开展试点评估,总结试点经验,进一步在全国范围内推动构建完善、高效、规范的动力蓄电池回收利用体系。

为了适应行业发展的新形势,引导行业持续健康发展,工业和信息化部于2019年12月印发了《新能源汽车废旧动力蓄电池综合利用行业规范条件(2019年本)》和《新能源汽车废旧动力蓄电池综合利用行业规范公告管理暂行办法(2019年本)》,同时,废止2016年印发的《新能源汽车废旧动力蓄电池综合利用行业规范条件》和《新能源汽车废旧动力蓄电池综合利用行业规范公告管理暂行办法》。

为了加强我国新能源汽车关于动力蓄电池的梯次利用管理,提升资源综合利用水平,保障梯次利用电池产品的质量,2021年8月,工业和信息化部等部委印发了《新能源汽车动力蓄电池梯次利用管理办法》,提出梯次利用企业应需要依法履行主体责任,遵循全生命周期的理念,落实生产者责任延伸制度,保障本企业生产的梯次产品质量以及报废后的规范回收和环保处置;动力蓄电池生产企业应采取易梯次利用的产品结构设计,利于高效梯次利用;梯次产品应进行性能试验验证,保障其电性能和安全可靠性;规范梯次产品的回收流程,提高回收效率,保障梯次利用的规范、高效开展。

为了推动我国新能源汽车电池产业升级以及行业自律,2018年4月,中国汽车工业协会、中国汽车动力电池产业创新联盟发布了《汽车动力蓄电池和氢燃料电池行业白名单暂行管理办法》。本管理办法采用企业的自愿原则进行申请,对企业资质、生产条件、技术能力、产品质量以及售后服务提出一定的要求,企业可随时申报白名单随时受理,中国汽车动力电池产业创新联盟将对企业白名单实施动态管理,并每3年对白名单内的企业进行复评,若有违规情况将会被撤销名额。白名单能够在一定程度上引导各类资源流入名单内的企业,为企业的发展提供强有力的支撑。

为加快推进充电基础设施规划建设,全面提升新能源汽车充电保障能力,2018年11月,国家发展改革委等部委联合印发了《提升新能源汽车充电保障能力行动计划》。该行动计划提出要在 3 年内力争新能源汽车在充电方面的技术水平、设施产品质量、标准体系、网络互联互通能力、运营服务品质方面有实质性的大幅度提升，充电基础设施发展环境和产业格局进一步优化，并积极鼓励在充电服务领域方面的商业模式创新，引导地方财政补贴转向充电技术设施建设和运营方面，充分发挥中国充电联盟等行业组织的作用，推动充电基础设施的高质量发展，为新能源汽车的发展提供坚实的能源保障，为新能源汽车消费者提供更高效便捷的充电服务。

为了适应我国新能源汽车相关技术标准的变化，落实好新能源汽车免征车辆购置税政策的执行工作，2021 年 5 月，工业和信息化部等三部委联合发布了《关于调整免征车辆购置税新能源汽车产品技术要求的公告》。该公告表示自 2021 年 10 月 1 日起，有关新能汽车的技术条件、试验方法等新版标准正式实施，提出插电式（含增程式）混合动力乘用车在纯电动条件下的续航里程需要满足有条件的等效全电里程不低于 43 千米，以及百千米电能消耗量目标值应该满足规定的区间。

为加快实现生产生活方式绿色变革，扎实推进碳达峰行动，国务院于 2021 年 10 月印发了《2030 年前碳达峰行动方案》，提出了"碳达峰十大行动"，在实施交通运输绿色低碳行动中，大力推广新能源汽车，推动运输工具装备低碳转型；有序推进充电桩、配套电网、加注（气）站、加氢站等基础设施建设，提升城市公共交通基础设施水平；同时，将绿色低碳理念贯穿于交通基础设施规划、建设、运营和维护全过程，降低全生命周期能耗和碳排放。加快形成绿色低碳运输方式，确保交通运输领域碳排放增长保持在合理区间，全面推进 2030 年前碳达峰目标如期实现。

1.4　配套基础设施政策

配套基础设施政策是指该国政府为保证新能源汽车行业更好更稳健地发展，为其相关的配套基础设施如停车设施、充电基础设施等做出的前瞻性规划。新能源汽车的推广，不仅仅需要消费者环保意识的提升，还需要相关配套设施发挥保障作用。近年来，我国新能源汽车在配套基础设施方面的相关政策如表 1-4 所示。

表 1-4　新能源汽车配套基础设施的相关政策

出台时间	政 策 名 称
2014 年 11 月	《关于新能源汽车充电设施建设奖励的通知》
2015 年 8 月	《关于加强城市停车设施建设的指导意见》
2015 年 9 月	《关于加快电动汽车充电基础设施建设的指导意见》
2015 年 10 月	《电动汽车充电基础设施发展指南(2015—2020 年)》
2016 年 1 月	《新能源汽车充电基础设施奖励政策及加强推广应用的通知》
2017 年 1 月	《加快单位内部电动汽车充电基础设施建设》
2021 年 2 月	《关于加快建立健全绿色低碳循环发展经济体系的指导意见》
2021 年 5 月	《关于推动城市停车设施发展的意见》
2021 年 8 月	《关于近期推动城市停车设施发展重点工作的通知》

为了加快新能源汽车充电设施建设,推进新能源汽车产业稳步发展,按照推广与补助类的政策精神,2014 年 11 月,财政部等多部委印发了《关于新能源汽车充电设施建设奖励的通知》,奖励对象为通过批复备案、推广数量达标、成效突出且不存在地方保护情况的新能源汽车推广城市或城市群,中央财政对符合条件的进行动态评估认定奖励对象。各城市新能源汽车年度推广考核结果影响着奖励资金高低,对于符合国家技术标准且日加氢能力不少于 200 公斤的新建燃料电池汽车加氢站、服务于钛酸锂纯电动等建设成本较高的快速充电设施,政策会予以额外补贴奖励。规定奖励资金用于新能源汽车配套基础设施建设等相关领域,不得用于新能源汽车的购置补贴。

随着我国新能源汽车保有量的大幅提高,停车难的问题成为困扰。出于对现实情况的考量,为解决停车设施供给量不足的现状,2015 年 8 月,国家发展改革委等部委印发了《关于加强城市停车设施建设的指导意见》,提出要坚持市场运作、改革创新、集约挖潜、建管同步等基本原则。在此原则的指导下,提出了 14 条有针对性的措施,其中明确提出要鼓励建设集约化的停车设施,并按照一定比例配建电动汽车充电设施,与主体工程同步建设。

充电基础设施是发展新能源汽车产业的重要保障,国务院办公厅于

2015 年 9 月印发了《关于加快电动汽车充电基础设施建设的指导意见》。该意见提出本阶段的工作目标,即到 2020 年建成适度超前、车桩相随、智能高效的充电基础设施体系,形成统一开放、竞争有序的充电服务市场,培育一批具有国际竞争力的充电服务企业。为实现此目标,该意见指出要在专项规划设计和指导下,加大对用户居住地、单位内部、公共服务领域充电设施的建设力度,逐步推进城际快速充电网络的建设,完善相应服务体系,简化充电基础设施规划建设审批环节,继续加大对充电基础设施财政补贴的支持力度,在设施规划建设用地方面予以优先支持。

一个月后,为了贯彻落实上述意见的指导精神,科学引导电动汽车充电基础设施建设,促进电动汽车产业健康快速发展,国家发展改革委等四部委组织编制了《电动汽车充电基础设施发展指南(2015—2020 年)》,统筹了未来 5 年电动汽车充电基础设施的行业发展。该指南通过需求预测了我国到 2020 年电动汽车的保有量将超过 500 万辆,按照预估明确了我国到 2020 年建成的充电桩应为 480 万个,其中包括分散式公共充电桩 50 万个,私人充电桩 430 万个,以满足当时的电动汽车充电需求,同时指出了我国不同地区在未来五年内所应建成的充换电站以及充电桩的数量。在充电设施的建设中,指南提出针对公共领域的充电设施应放在优先位置,鼓励向社会公众开放使用,逐步推进用户专用的充电桩建设。鼓励利用社会资本设立充电基础设施发展专项基金,发行充电基础设施企业债券,探索利用基本养老保险基金投资支持充电基础设施建设。

2016 年 1 月,财政部等五部委联合发布《新能源汽车充电基础设施奖励政策及加强推广应用的通知》,提出中央财政在 2016—2020 年将继续安排资金对充电基础设施建设、运营给予奖补,公布了新能源标准车折算关系表以及不同区域新能源汽车充电基础设施奖补标准。为保障市场公平开放,特别强调“破除地方保护主义”是奖补条件的重要参照。奖补资金由中央财政下达地方,用于支持充电设施等相关领域的建设,再次强调不得转为他用,同时加强充电基础设施建设运营奖补资金使用的监督管理,建立信息上报和公示制度,对弄虚作假、违规使用资金的地区,将追缴扣回奖补资金。

为加快电动汽车充电基础设施建设,发挥公共机构与国有企业的示范带头作用,2017 年 1 月,国家能源局等部门联合印发了《加快单位内部电动汽车充电基础设施建设》的通知,该通知指出各单位应统筹考虑单位和职工购买电动汽车的需求,坚持市场化原则,在内部停车场要加快规划建设相应比例的充电设施(或预留建设安装条件),如到 2020 年,公共机构新建和既有停车场要规划建设配备充电设施(或预留建设安装条件)比例不低于 10%;中央国家机关及所属在京公共机构比例不低于 30%;在京中央企业比例力争不低于 30%。按国家相关政策要求,由电网企业负责建设和运维配套接网工程,并为充电基础设施接入电网提供便利条件,此类建设投资可依据相关政策申请补贴与专项建设基金支持。

为建立健全绿色低碳循环发展的经济体系,确保实现碳达峰、碳中和目标,国务院于 2021 年 2 月印发了《关于加快建立健全绿色低碳循环发展经济体系的指导意见》。该意见指出要健全绿色低碳循环发展的流通体系,邮政快递、物流配送、港口和机场服务等公共服务领域要优先选择使用新能源或清洁能源汽车。与此同时,推动交通基础设施绿色发展水平的提升,继续加强新能源汽车充换电、加氢等配套基础设施建设。

随着我国城市停车设施规模的不断扩大,停车秩序明显好转,但仍然存在供给不足、市场化进程滞后、治理水平不高等问题。为加快补齐城市停车供给短板,优化交通环境,推动高质量发展,2021 年 5 月,国家发展改革委等四部门印发了《关于推动城市停车设施发展的意见》,该意见提出到 2025 年,配建停车设施为主、路外公共停车设施为辅、路内停车为补充的城市停车系统基本建成,重点区域停车需求基本得到满足,到 2035 年,布局合理、供给充足、智能高效、便捷可及的城市停车系统全面建成,为现代城市发展提供有力支撑。

为切实增加城市停车设施有效供给,2021 年 8 月,国家发展改革委等四部门印发了《关于近期推动城市停车设施发展重点工作的通知》,提出各城市要将停车设施项目放在非常重要的位置,加快推进前期工作,加强要素保障,加大资金投入,切实增加城市停车设施项目的数量。国家将联合相关部门在抵押融资、融资租赁等方面加大金融支持力度。为推动充电服务保障能力的提升,国家能源局、工业和信息化部也研究出台了《关于进一步提升充换电基础设施服务保障能力的实施意见》,主要从规划布局、移动居住社区充电桩安装、设备运维、供电保障等几方面着手实施。

1.5　基于政策工具与创新价值链的政策文本分析

政府创新政策是推动新兴产业发展的重要驱动力。本节从政策工具和创新价值链这两大维度对与中国新能源汽车产业相关的 59 项中央政策文本进行了内容分析。

新能源汽车产业政策是政府通过对各种政策工具的设计、组织搭配及运用而形成的,政策由理念变为现实必须依靠各种政策工具,这些工具就是实现创新政策目标的手段。对新能源汽车产业政策框架的分析需要运用工具性的视角,这样有助于理解政府如何有目的地影响产业创新的进展。

目前,学者们对政策工具有很多不同的分类。其中 Rothwell 和 Zegveld (1981)对政策工具的分类方法最具有操作性,也最为经典,按政策工具对技术创新所产生的影响来划分,将促进技术创新的政策工具划分为供给面、环境面和需求面三大类,具体包含 12 种,如表 1-5 所示。其中,供给面政策工具是指由政府直接投入资金、技术、人力等要素,促进科技活动的开展;环境面政策工具是指政府通过财税、法规等方式为技术创新创造一个有利的环境;需求面政策工具是指政府通过采购、贸易管制等措施带动市场需求,减少市场的不确定性,积极开拓并稳定新技术应用的市场。

表 1-5　新能源汽车配套基础设施的相关政策

类别	政策工具	定义及举例
供给面	公营事业	与公营事业的成立与管理相关的政策,如公有事业创新、发展新兴产业、公有企业示范使用新技术
	科技支持	政府直接或间接鼓励各项科学与技术发展的作为,如建设研究室,支持研究学会、专业协会,提供经费辅助研究
	教育与培训	针对教育体制及培训的政策,如学科建设、见习计划、职业教育、培训

续 表

类别	政策工具	定义及举例
环境面	信息支持	鼓励技术及市场资讯流通的政策,如建立信息网络和信息中心,提供顾问与咨询服务、数据库、资讯网络、联络服务
	财务金融	直接或间接给予企业各种财务支持,如贷款、补贴、特许、贷款保证、出口信用贷款
	税法优惠	给予企业税务上的减免,如对企业、个人直接或间接的收税减免
	法规及管制	规范市场秩序的各项措施,如专利权、生产准入、知识产权、垄断管制
	政策性策略	用于产业发展的各项策略性措施,如规划、奖励创新、鼓励合并或联盟、公共资讯及辅导
需求面	政府采购	中央及地方政府的各项采购规定,如政府采购、公营事业采购、合约研究
	公共服务	用于解决社会问题的各项服务性措施,如公共基础设施建设
	贸易管制	进出口管制措施,如贸易协定、关税、货币调节
	海外机构	政府直接设立或间接协助企业海外设立各种分支机构,如建立海外贸易组织

资料来源:Rothwell & Zegveld(1981)。

政策工具能够反映政策干预所采用的手段,单独使用政策工具进行政策分析还不够全面。同一种政策工具可以被用来实现不同的政策目的,而创新价值链可以了解政策实施的意图,创新价值链上每个环节的推动都表达着不同的政策目的。故引入政策分析的另一个维度——创新价值链。创新价值链是指从创新源的获得到把创新源转化为新产品,再到市场化的创新价值实现过程,如图1-1所示。

从新兴产业成长过程来看,创新价值链环节的划分是对其的一个分解,对于研究我国在推动新能源汽车产业发展过程中制定各种政策的目的,提供了一个绝佳的通道。在借鉴相关学者们观点的基础上,结合我国自身发展过程中的特点,将我国新能源汽车产业的创新价值链分为研发、产业化、市场化三大环节,如图1-2所示。

本节将新能源汽车政策对应的政策条款作为内容分析的基本分析单

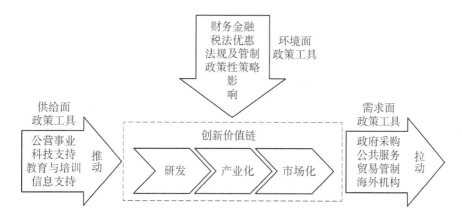

图 1－1　政策工具对新能源汽车产业价值链的作用方式

资料来源：王薇和刘云(2017)。

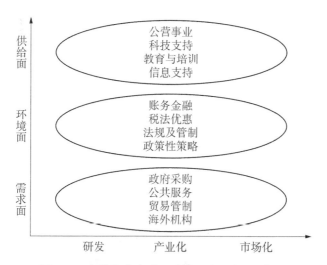

图 1－2　新能源汽车产业政策文本二维分析框架

资料来源：王薇和刘云(2017)。

元,对遴选出的 59 项政策文本进行编码,如表 1－6 所示。由于同一项政策中可能包含着不同的政策条款,而不同的条款很可能属于不同类型的政策工具,故在编码时按照"政策编号－章节号－条款号"的方式进行。表 1－7至表 1－9 从供给面、环境面和需求面三个方面以及研发、产业化和市场化三个维度,呈现了上述 59 项政策文本具体编码的示例情况。

表 1-6　我国新能源汽车产业相关中央政策列表

序号	政　策　名　称	政策编码
1	《关于开展节能与新能源汽车示范推广试点工作的通知》	1
2	《节能与新能源汽车产业发展规划(2012—2020 年)》	2
3	《关于继续开展新能源汽车推广应用工作的通知》	3
4	《关于进一步做好新能源汽车推广应用工作的通知》	4
5	《2014—2015 年节能减排科技专项行动方案的通知》	5
6	《关于加快新能源汽车推广应用的指导意见》	6
7	《关于电动汽车用电价格政策有关问题的通知》	7
8	《关于免征新能源汽车车辆购置税的公告》	8
9	《关于新能源汽车充电设施建设奖励的通知》	9
10	《汽车动力蓄电池行业规范条件》	10
11	《关于 2016—2020 年新能源汽车推广应用财政支持政策的通知》	11
12	《关于加强城市停车设施建设的指导意见》	12
13	《关于加快电动汽车充电基础设施建设的指导意见》	13
14	《电动汽车充电基础设施发展指南(2015—2020 年)》	14
15	《新能源汽车充电基础设施奖励政策及加强推广应用的通知》	15
16	《"十三五"国家战略性新兴产业发展规划》	16
17	《能源发展"十三五"规划》	17
18	《关于新能源汽车推广应用审批责任有关事项的通知》	18
19	《汽车动力电池行业规范条件(2017 年)》(征求意见稿)	19
20	《"十三五"节能减排综合工作方案》	20
21	《战略性新兴产业重点产品和服务指导目录(2016 版)》	21
22	《新能源汽车生产企业及产品准入管理规定》	22
23	《加快单位内部电动汽车充电基础设施建设》	23
24	《汽车产业中长期发展规划》	24
25	《乘用车企业平均燃料消耗量与新能源汽车积分并行管理办法》	25
26	《关于促进储能技术与产业发展指导意见》	26
27	《汽车贷款管理办法》	27
……	……	……
49	《关于开展 2021 年新能源汽车下乡活动的通知》	49
50	《关于调整免征车辆购置税新能源汽车产品技术要求的公告》	50
51	《关于推动城市停车设施发展的意见》	51
52	《新能源汽车动力蓄电池梯次利用管理办法》	52

续　表

序号	政策名称	政策编码
53	《关于近期推动城市停车设施发展重点工作的通知》	53
54	《关于印发 2030 年前碳达峰行动方案的通知》	54
55	《关于开展 2022 新能源汽车下乡活动的通知》	55
56	《关于免征新能源汽车车辆购置税的公告》	56
57	《关于加快发展流通促进商业消费的意见》	57
58	《关于进一步完善新能源汽车推广应用财政补贴政策的通知》	58
59	《关于 2022 年新能源汽车推广应用财政补贴政策的通知》	59

表 1-7　政策工具作用于创新价值链不同环节示例（供给面）

政策工具	价值链环节	举例
公营事业	研发	各地科技主管部门、工业和信息化主管部门加强合作，将节能减排科技工作作为一项重要工作纳入年度工作计划和考核目标，明确具体任务。（5-4-1）
	产业化	推动新技术、新产品的大规模应用，坚持以企业为创新主体，加速科技成果转化和产业化。（5-2-1-8）
	市场化	在示范推广初期，主要选择部分大中城市的公交、出租、公务、环卫和邮政等公共服务领域进行试点。（1-4）
科技支持	研发	积极支持关键技术的研发应用，充分发挥企业创新主体作用，加快高功率密度、高转换效率、高适用性、无线充电、移动充电等新型充换电技术及装备研发。加强检测认证、安全防护、与电网双向互动、电池梯次利用、无人值守自助式服务、桩群协同控制等关键技术研究。（14-7-3-2-1）
	产业化	鼓励企业、院所、高校等创新主体围绕产业链配置创新资源，组建动力电池、智能网联汽车等汽车领域制造业创新中心。（24-3-1-1）
	市场化	推动建立产学研用相结合的节能减排技术创新平台和服务平台，培育区域节能减排科技创新综合示范。（5-2-2-4）
教育与培训	研发	以国家有关专项工程为依托，在节能与新能源汽车关键核心技术领域，培养一批国际知名的领军人才。（2-5-5-1）
	产业化	加强电化学、新材料、汽车电子、车辆工程、机电一体化等相关学科建设，培养技术研究、产品开发、经营管理、知识产权和技术应用等人才。（2-5-5-2）

政策工具	价值链环节	举 例
信息支持	市场化	各有关部门和新闻媒体要通过多种形式大力宣传新能源汽车对降低能源消耗、减少污染物排放的重大作用,组织业内专家解读新能源汽车的综合成本优势。要通过媒体宣传,提高全社会对新能源汽车的认知度和接受度,同时对损害消费者权益、弄虚作假等行为给予曝光,形成有利于新能源汽车消费的氛围。(6-30)
	研发	提升认证检验检测能力,推进建立汽车开发数据库、工程数据中心和专利数据库,为企业提供创新知识和工程数据的开放共享服务。(24-3-1-3-3)
	产业化	鼓励梯次利用企业与新能源汽车生产、动力蓄电池生产及报废机动车回收拆解等企业协议合作,加强信息共享,利用已有回收渠道,高效回收废旧动力蓄电池用于梯次利用。(52-8)
	市场化	构建充电基础设施信息服务平台,统一信息交换协议,有效整合不同企业和不同城市的充电服务平台信息资源,促进不同充电服务平台互联互通。(13-12-3)

表1-8 政策工具作用于创新价值链不同环节示例(环境面)

政策工具	价值链环节	举 例
财务金融	研发	中央财政安排资金,对实施节能与新能源汽车技术创新工程给予适当支持,引导企业在技术开发、工程化、标准制定、市场应用等环节加大投入力度,构建产学研用相结合的技术创新体系。(2-5-2-1-1)
	产业化	积极发挥政策性金融和商业金融各自优势,加大对汽车关键零部件、新能源汽车、智能网联汽车等重点领域的支持力度。(24-4-2-4)
	市场化	中央财政对试点城市相关公共服务领域示范推广单位购买和使用节能与新能源汽车给予一次性定额补助。(1-5-1)
税法优惠	研发	以创新和绿色节能为导向,鼓励行业企业加大研发投入,全面实施营改增试点,落实消费税、车辆购置税等税收政策。(24-4-2-3)
	产业化	制定出台支持动力蓄电池回收利用的配套政策措施,加强与相关产业政策的对接,充分利用现有税收优惠政策。(34-8)

续　表

政策工具	价值链环节	举例
	市场化	对电动汽车充换电设施用电实行扶持性电价政策,对向电网经营企业直接报装接电的经营性集中式充换电设施用电,执行大工业用电价格。2020 年前,暂免收基本电费。(7)
	研发	深入实施国家知识产权战略,鼓励科研人员开发新能源汽车领域高价值核心知识产权成果。严格执行知识产权保护制度,加大对侵权行为的执法力度。(46-8-4)
法规及管制	产业化	严格设定动力电池回收利用企业的准入条件,明确动力电池收集、存储、运输、处理、再生利用及最终处置等各环节的技术标准和管理要求。(2-4-5)
	市场化	有关部门要加强对新能源汽车市场的监管,推进建设统一开放、有序竞争的新能源汽车市场。坚决清理取消各地区不利于新能源汽车市场发展的违规政策措施。(6-24)
	研发	鼓励企业积极采用国际标准,推动汽车相关标准法规体系与国际接轨。积极参与国际标准制定,发挥标准化组织作用,推动优势、特色技术标准成为国际标准,提升我国在国际标准制定中的话语权和影响力。(24-4-3-7)
政策性策略	产业化	强化技术创新,完善产业链,优化配套环境,落实和完善扶持政策,提升纯电动汽车和插电式混合动力汽车产业化水平,推进燃料电池汽车产业化。(16-5-1-1)
	市场化	各地要科学制定地方性扶持政策,进一步加大环卫、公交等公益性行业新能源汽车推广支持力度。(11-4)

表 1-9　政策工具作用于创新价值链不同环节示例(需求面)

政策工具	价值链环节	举例
政府采购	市场化	加大新能源汽车政府采购力度,机要通信等公务用车除特殊地理环境等因素外原则上采购新能源汽车,优先采购提供新能源汽车的租赁服务。(42-6-2)
	研发	提升充电基础设施服务水平,加强充电设备与配电系统安全监测预警等技术研发,规范无线充电设施电磁频谱使用,提高充电设施安全性、一致性、可靠性,提升服务保障水平。(46-6-1-2)
公共服务	产业化	探索新能源汽车及电池租赁、换电服务等多种商业模式,形成一批优质的新能源汽车服务企业。(2-4-3-1-3)

政策工具	价值链环节	举　　例
	市场化	具备条件的政府机关、公共机构和企事业单位,要结合单位电动汽车配备更新计划以及职工购买使用电动汽车需求,利用内部停车场资源,规划建设电动汽车专用停车位和充电设施。(13-6)
	研发	支持汽车企业、高校和科研机构在节能与新能源汽车基础和前沿技术领域开展国际合作研究,进行全球研发服务外包,在境外设立研发机构、开展联合研发和向国外提交专利申请。积极创造条件开展多种形式的技术交流与合作,学习和借鉴国外先进技术和经验。(2-5-6-1)
贸易管制	产业化	推动新材料产业提质增效。面向航空航天、轨道交通、电力电子、新能源汽车等产业发展需求,扩大高强轻合金、高性能纤维、特种合金、先进无机非金属材料、高品质特殊钢、新型显示材料、动力电池材料、绿色印刷材料等规模化应用范围,逐步进入全球高端制造业采购体系。(16-3-6-2)
	市场化	坚持把国际化发展作为汽车产业可持续发展的重要保障,健全服务保障体系,提升国际化经营能力,加强国际合作,加快推动中国汽车产业融入全球市场。(24-3-6)
海外机构	研发	有针对性地参与节能减排领域的国际组织和国际研究计划,鼓励并支持我国科学家和科研管理人员在相关国际组织及国际研究计划中任职,牵头或承担重要的研究或管理工作。(5-4-5-2)
	产业化	支持企业通过在境外注册商标、境外收购等方式培育国际化品牌。(2-5-6-4)
	市场化	支持企业建立国际营销服务网络,在重点市场共建海外仓储和售后服务中心等服务平台。(46-7-2-3)

例如,第 5 项政策《2014—2015 年节能减排科技专项行动方案的通知》,其中的第四款"保障措施"第 1 条"加强统筹协调"的政策内容中,"各地科技主管部门、工业和信息化主管部门加强合作,将节能减排科技工作作为一项重要工作纳入年度工作计划和考核目标,明确具体任务"的相关表述,属于供给面类别中公营事业子类的研发环节。而第二款"总体思路和主要目标"第 1 条"总体思路"政策内容中,"推动新技术、新产品的大规模应用,坚持以企业为创新主体,加速科技成果转化和产业化"的相关表述,则属于供给面

类别中公营事业子类的产业化环节。

图1-3和表1-10分别以二维结构和表格的形式,汇总了59项政策中不同条款内容的文本分析结果。可以发现,环境面政策的占比最多,达到47.64%,需求面政策的占比最少,为16.95%。环境面政策类别中,面向创新价值链市场化环节的最多,达到105个。其中,《关于加快电动汽车充电基础设施建设的指导意见》《电动汽车充电基础设施发展指南(2015—2020年)》和《关于推动城市停车设施发展的意见》是主要实施的环境面政策。面向市场化环节的政策内容,在供给面和需求面政策中同样占多数,分别为77个和35个。这表明,政府更多地致力于市场化的政策引导,通过基础设施建设、定额补助、实行扶持性电价、加强市场监督和建设有序竞争市场等多种方式,达到培育新能源汽车市场的目的。

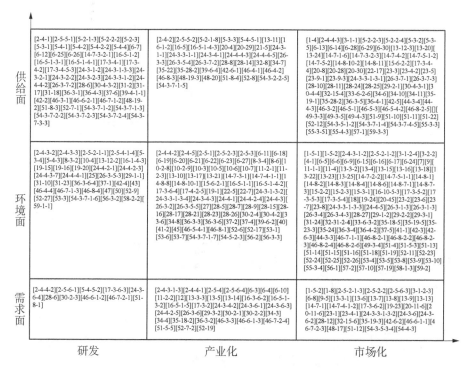

图1-3 新能源汽车政策二维分布图

表 1-10   基于政策工具与创新价值链的政策文本分析结果

类别	政策工具	研发	产业化	市场化	小计	总计
供给面	公营事业	2	15	19	36	165 (35.41%)
	科技支持	36	9	18	63	
	教育与培训	6	7	11	24	
	信息支持	7	6	29	42	
环境面	财务金融	8	14	23	45	222 (47.64%)
	税法优惠	3	3	12	18	
	法规及管制	15	51	28	94	
	政策性策略	12	11	42	65	
需求面	政府采购	—	—	5	5	79 (16.95%)
	公共服务	5	28	25	58	
	贸易管制	2	1	3	6	
	海外机构	3	5	2	10	

面向创新价值链中产业化环节的政策同样较多,较为典型的包括《节能与新能源汽车产业发展规划(2012—2020年)》《关于加快新能源汽车推广应用的指导意见》等,此类政策主要致力于重点推进纯电动汽车和插电式混合动力汽车产业化,以及推广普及非插电式混合动力汽车、节能内燃机汽车,从而提升我国汽车产业整体技术水平,具体的措施包括重点建设动力电池产业聚集区域、统筹发展新能源汽车整车生产能力等。

面向创新价值链中研发环节的政策相对最少,占比21.2%,其中属于供应面的政策超过一半,例如《2014—2015年节能减排科技专项行动方案的通知》《汽车产业中长期发展规划》均有涉及研发的政策内容,这些政策的重点在于加强新能源汽车关键核心技术研究、加快建立节能与新能源汽车研发体系,从而实现在关键技术领域取得重大突破,尤其是动力总成、先进汽车电子、自动驾驶系统、核心芯片及车载操作系统等关键核心技术。

1.6   本章小结

本章以国家层面出台的新能源汽车产业政策为分析对象,筛选出2009—2023年发布的59项主要政策文件,将它们划分为发展规划类、推广与补助类、技术与能源限制类、配套基础设施类四种类型，对政策文件的重点内容做了详细分析。在此基础上，采用产业政策文本二维分析框架，从供给面、环境面和需求面三种政策类型，以及研发、产业化和市场化三个创新价值链环节，对 59 项产业政策做了细致的文本分析。结果表明，环境面政策的占比最多，其次是供给面和需求面，而不同政策类别中，面向创新价值链市场化环节的政策内容最多，其次是产业化环节和研发环节。本章内容为下文进一步分析双积分政策的产生背景，以及研究多政策叠加下的双积分政策效果提供较坚实的基础。

第2章

双积分政策的产生背景、框架与原型

　　不同于前文所分析的发展规划政策、推广与补助政策、技术与能源限制性政策和配套基础设施政策等,双积分政策被认为是一种具有技术强制特征的产业政策,代表着我国新能源汽车产业的培育政策由补贴型的激励机制转向环境规制与创新激励融为一体的政策框架(李旭、熊勇清,2021)。学者们认为双积分政策是对新能源汽车税费减免、政府补贴等补贴型政策的逐步替代和有效衔接(Li et al.,2018)。

　　双积分政策的原型是 1975 年美国国家公路交通安全管理局(NHTSA)与环境保护署(EPA)共同制定的企业平均燃油经济性(corporate average fuel economy,CAFE)标准和 1990 年美国加州出台的零排放汽车(zero emission vehicle,ZEV)法规,我国将两者合并为同一项政策并落地汽车行业实施。美国制定 CAFE 标准,旨在提高乘用车和轻型卡车的燃油经济性,从而降低能源消耗以促进产业绿色发展,美国加州出台 ZEV 法规则是为了激活新能源汽车产业的高质量发展潜能。我国的汽车产业发展具有产业和技术转型的典型性,在新能源汽车发展早期,虽然政府制定了财政补贴、购置税减免、限行城市专用牌照等一系列政策,但新能源汽车需求疲软、企业研发投产积极性低等问题长期存在,导致创新驱动和需求拉动相互掣肘。双积分政策以积分方式量化两种乘用车技术的能效特性并设置目标值,同时提供企业间正积分的交易机制,是一种兼具积分限额、交易与惩罚功能的新型产业政策。

　　在第 1 章系统梳理我国新能源汽车产业政策的基础上,本章将阐述双积分政策的产生背景、具体框架细节,并深入剖析作为双积分政策原型的美国CAFE标准和ZEV法规,对比研究两种政策在机制方面存在的异同,为明晰双积分政策的内涵特征与作用机制,揭示政策影响企业技术研发决策与运营策略的过程打下理论基础。

2.1　双积分政策的实施概况

我国乘用车企业历年平均燃料消耗量积分与新能源汽车积分的总体情况分别如图2-1和图2-2所示,由于2017—2018年没有新能源汽车积分比例要求,这两年车企的新能源汽车负积分均为0。2017—2020年,由于政策的实施,加上政策要求参数的不断调整趋严,企业平均燃料消耗量正积分一直处于下降趋势,平均燃料消耗量负积分则越来越多。2020年,车企受新冠疫情影响,平均燃料消耗量负积分产量远超正积分,达到1 171.43万分。而在2021年,企业新能源乘用车生产量达到309万辆,产量增长145.6%,极大程度地提高了平均燃料消耗量与新能源汽车正积分。在105家境内乘

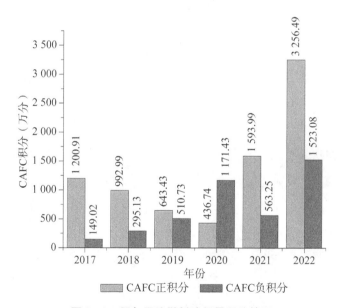

图2-1　历年平均燃料消耗量积分情况

注:CAFC代表企业平均燃料消耗量(corporate average fuel consumption)。

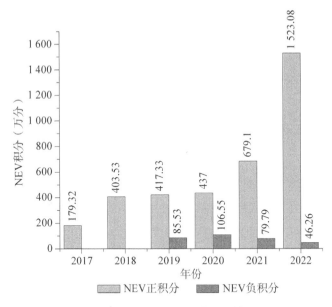

图 2-2 历年新能源汽车积分情况

注：NEV 代表新能源汽车（new energy vehicle）。

用车生产企业中，平均燃料消耗量积分、新能源汽车积分为负的企业分别为 45 家、24 家，2022 年这一数字分别减少到 32 家、17 家，达标企业占比分别达到 69.5％、83.8％。进口车企在 2022 年双积分考核中几乎全军覆没，平均燃料消耗量积分有 15 家企业为负，1 家企业为零。2022 年，乘用车企业生产新能源汽车 705.8 万辆，再次使平均燃料消耗量正积分与新能源汽车正积分几何式增长。

乘用车历年平均燃料消耗量实际值如图 2-3 所示。2017—2022 年，乘用车平均燃料消耗量实际值整体持续下降，2022 年达到了 4.11 L/100 km，大幅超越了行业要求。这些数据有力地证明，双积分政策在推动汽车企业降低能源消耗、增加新能源汽车生产方面发挥了积极的作用。双积分政策不仅有助于提升汽车行业的环保意识，同时也对行业的可持续发展起到了推动作用。

从国内乘用车主要制造企业的角度来看，上汽大众汽车有限公司是上海汽车集团和大众汽车集团合资成立的整车制造企业，其历年平均燃料消

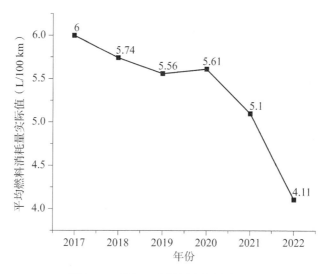

图 2-3　历年平均燃料消耗量实际值

耗量积分与新能源汽车积分如图 2-4 所示。2017 年其传统燃油乘用车产量达到 197.9 万辆,销量市场占比 7.15%,相比之下新能源汽车产量则不及传统燃油车的 5%。双积分政策实施以来,上汽大众虽根据市场需求和积分

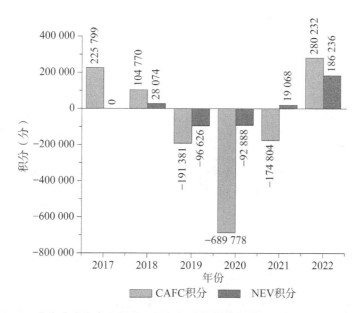

图 2-4　上汽大众汽车有限公司历年平均燃料消耗量积分与新能源汽车积分

情况逐年压缩燃油汽车产量,但新能源汽车的产销仍占比较小,导致平均燃料消耗量和新能源汽车两项积分核算常年告负。2020年,上汽大众平均燃料消耗量积分严重下降,为−68.98万分,新能源汽车积分也持续了两年负产值,为−9.29万分。经过多年运营战略调整,上汽大众新能源汽车产量有所提升,平均燃料消耗量积分于2022年实现转正,达到28.02万分,其2021年排名倒数第10,2022年排名第19,反超了76家车企。

与上汽大众不同,作为上海汽车集团全资子公司的上汽乘用车公司,则采取向新能源积极转型的策略,2022年生产新能源汽车11.4万辆。上汽乘用车公司历年双积分情况如图2-5所示,可以看到,除了2020年平均燃料消耗量积分为负以外,上汽乘用车公司其余年份的平均燃料消耗量积分与新能源汽车积分均为正数,且分值较高。双积分政策规定,平均燃料消耗量积分可通过关联企业受让的正积分抵偿清零,新能源汽车积分可在企业间进行交易。2019—2021年,上汽大众虽产生较多负积分,但作为关联企业的上汽乘用车公司通过转让正积分帮助上汽大众抵消,实现集团内积分自产自销。

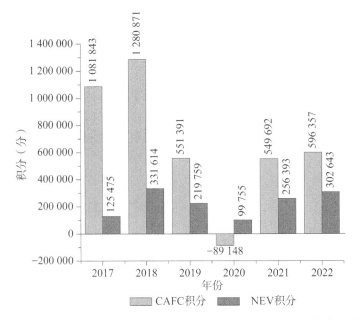

图2-5 上汽乘用车公司历年平均燃料消耗量积分与新能源汽车积分

　　在传统燃油汽车领域占据明显优势的合资品牌,在转型抉择中逐渐分化,部分合资车企如上汽大众转型积极,也有如广汽本田等合资车企对原有业务路径依赖显著,在新能源转型面前犹豫不决,新能源汽车产销量依旧处于弱势。广汽本田汽车有限公司历年双积分情况如图 2-6 所示。双积分政策实施以来,广汽本田积分大多处于负值,在 2022 年积分整体水平大幅提升的情况下,广汽本田两项积分依旧下滑,达到 -24.57 万分与 -7.03 万分。广汽本田虽在混合动力车型的研发上下足功夫,推出多款混动汽车,但产量过少,相比之下,其燃油汽车仍然占据主要生产比例,2022 年传统燃油车产量达 75 万辆,并且整体平均燃料消耗量实际水平过高,导致积分一负再负。

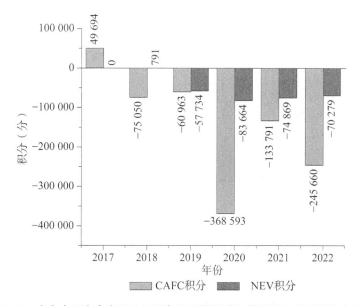

图 2-6　广汽本田汽车有限公司历年平均燃料消耗量积分与新能源汽车积分

　　从双积分的总体情况来看,自主品牌车企表现优于合资车企。其中,比亚迪在新能源汽车领域取得了显著的进展,并且具备了较强的技术实力和市场竞争力,成为双积分政策的最大赢家,其下属比亚迪汽车有限公司、比亚迪汽车工业有限公司占据榜单前两位。比亚迪汽车有限公司历年平均燃料消耗量积分与新能源汽车积分如图 2-7 所示,可以看出,比亚迪汽车有限公司的积分总和多年均超过 100 万分,远超多数车企的积分情况。2022 年正式放弃燃油车的比亚迪迎来积分飞跃,下属公司平均燃料消耗量积分分别为 539.81 万分和 490.51 万分,可交易的新能源汽车积分数量分别达到 274.50 万分和 237.34 万分,双积分共计分别为 1 030.32 万分、511.84 万分。在新能源汽车已经成为全球大趋势的背景下,比亚迪作为中国新能源汽车的领导者,正作为强劲动力,助推国产新能源汽车全面发展。

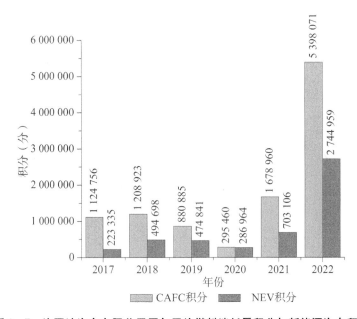

图 2-7   比亚迪汽车有限公司历年平均燃料消耗量积分与新能源汽车积分

2.2 双积分政策的产生背景

截至 2015 年末,中国汽车保有量达到 1.72 亿辆,较 2014 年增长 11.5%。汽车用汽柴油占全国汽柴油消费比例已达到 70% 以上。我国石油对外依存度由 2003 年的 36.0% 上升至 2015 年的 60.6%。汽车市场规模与车用能源需求及石油对外依存度之间存在明显的相关性。为缓解能源和环境压力,推动汽车产业可持续发展,国家出台了一系列政策措施促进节能汽车和新能源汽车发展。

一是推进燃料消耗量标准体系建设。先后发布了汽车燃料消耗量试验方法、限值及标识等十余项强制性国家标准。特别是在 2011 年和 2014 年，分别发布了乘用车燃料消耗量第三、第四阶段标准，落实《节能与新能源汽车产业发展规划(2012—2020 年)》提出的新生产乘用车平均燃料消耗量百千米 2015 年达到 6.9 升、2020 年达到 5.0 升的目标要求，引导行业企业提前部署产品升级。

二是建立燃料消耗量数据公示制度。出台了轻型汽车燃料消耗量标示管理规定，建立了中国汽车燃料消耗量网站。截至目前，已发布近 4 万个车型燃料消耗量数据，覆盖所有在中国境内销售的轻型汽车，包括进口汽车，调动了社会力量进行监督。

三是建立企业平均燃料消耗量核算制度。2013 年，工业和信息化部等五部门出台了《乘用车企业平均燃料消耗量核算办法》，先后发布了 2013、2014 年度中国乘用车企业平均燃料消耗量报告，公示了在我国生产(销售)乘用车的 100 多家企业包括不达标企业的燃料消耗量水平等，对企业燃料消耗量实施了全面的核算管理。

四是出台了鼓励节能汽车消费的财税政策。2010 年 6 月，国家出台"节能产品惠民工程"节能汽车推广政策，对购买节能型乘用车的消费者给予一定的财政补助。2011 年，《中华人民共和国车船税法》及《中华人民共和国车船税法实施条例》颁布，自 2012 年 1 月 1 日起，对节约能源、使用新能源的汽车实施减征或免征车船税政策。

2016 年，随着市场需求不断扩大，新能源汽车逐渐从商用车转向乘用车，从公交走向城市物流。与此同时，在充电设施不断完善、产品线不断丰富的条件下，私人购车比例也明显增加。以北京市场为例，在市场需求快速增长的带动下，总体呈现供需两旺的局面，一些热销产品甚至出现供不应求的情况。在国内一些大中城市，新能源汽车正逐渐走进寻常百姓家。虽然受国家治理骗补影响，第二季度增速趋缓，全年产销增速总体在高速中减缓，但仍然保持了快速增长势头。当年，我国的汽车产销增速呈逐月上涨态势，尤其是 6 月后同比更是呈现快速增长。汽车全年产销 2 811.9 万辆和

2 802.8 万辆,产销同比增速重回两位数较快增长,分别达到 14.5% 和 13.7%,增幅比上年提升 11.2 个百分点和 9.0 个百分点。其中,乘用车产销 2 442.1 万辆和 2 437.7 万辆,同比增长 15.5% 和 14.9%,增幅比上年提升 9.7 个百分点和 7.6 个百分点;商用车产销 369.8 万辆和 365.1 万辆,同比增长 8.0% 和 5.8%,结束了 2014 年以来连续两年的下降趋势。

据中国汽车工业协会根据企业上报的新能源汽车(含改装车)产销数据统计,2016 年,新能源汽车累计产销双双超过 50 万辆,分别达到 51.7 万辆和 50.7 万辆,比上年分别增长 51.6% 和 53.2%。其中,纯电动汽车产销分别完成 41.7 万辆和 40.9 万辆,比上年分别增长 63.5% 和 64.9%,占新能源汽车比重均为 80.7%,比上年提升 5.9 个百分点;插电式混合动力汽车产销分别完成 9.9 万辆和 9.8 万辆,比上年分别增长 15.1% 和 16.7%。与上年相比,增速均明显放缓。2013—2016 年新能源汽车主要品种产销量如表 2-1 所示。

表 2-1　我国新能源汽车主要品种产销量(2013—2016 年)　　单位:万辆

类别	2013 年		2014 年		2015 年		2016 年	
	产量	销量	产量	销量	产量	销量	产量	销量
新能源汽车	1.8	1.8	7.9	7.5	34.1	33.1	51.7	50.7
纯电动汽车	1.5	1.5	4.9	4.5	25.5	24.8	41.7	40.9
插电式混合动力汽车	0.3	0.3	3.0	3.0	8.6	8.4	9.9	9.8

资料来源:根据官方发布数据整理。

根据第 1 章产业政策的分析可知,对于新能源汽车,我国相继实施了新能源汽车推广应用补贴、产业技术创新工程、免征车船税和车购税、公交车成品油价格补贴改革、新建纯电动乘用车企业管理规定、充电基础设施指导意见和发展指南、充电设施建设奖励等政策措施,启动了国家重点研发计划新能源汽车重点专项、中国新能源汽车产品检测工况等重大研究任务。目前,新能源汽车政策体系已涵盖研发支持、市场准入、购车补贴、税收减免、基础设施建设等方面,形成了较为完善的扶持体系。

在乘用车燃料消耗量标准约束、小排量节能型乘用车补贴、节能汽车减征车船税以及新能源汽车扶持政策等引导下,我国汽车行业节能水平与新能源汽车产销规模均有了明显提升。国产乘用车百千米燃料消耗量从 2006 年的 8.1 升下降到 2015 年的 6.98 升,下降 13.8%。2009—2015 年,我国新能源汽车生产累计达到 49.7 万辆,成为全球新能源汽车生产第一大国。在我国节能与新能源汽车发展取得一定成绩的同时,也存在一些问题亟须解决,如我国汽车燃料消耗量水平与国外相比还存在较大差距、国家节能目标的实现缺乏保障以及新能源汽车补贴依赖等。最关键的是,目前尚未实施基于企业平均燃料消耗量水平、新能源汽车推广情况的奖惩机制,没有建立让企业持续技术进步、激发企业创新动力和活力的内生机制。

为落实《国务院关于加快培育和发展战略性新兴产业的决定》(国发〔2010〕32 号)、《国务院关于印发节能与新能源汽车产业发展规划(2012—2020 年)的通知》(国发〔2012〕22 号)和《国务院办公厅关于加快新能源汽车推广应用的指导意见》(国办发〔2014〕35 号),进一步完善国家汽车工业节能管理制度,提高汽车产品燃料经济性水平,持续推动新能源汽车发展,缓解国内能源和环境压力,实现社会总体节能目标,工业和信息化部会同相关部门组织行业研究制定了《企业平均燃料消耗量与新能源汽车积分并行管理暂行办法》。

2016 年 9 月 22 日,工业和信息化部公开征求社会各界意见。经 2017 年 8 月 16 日工业和信息化部第 32 次部务会议审议通过,并经财政部、商务部、海关总署、质检总局审议同意,工业和信息化部在 2017 年 9 月 27 日公布《乘用车企业平均燃料消耗量与新能源汽车积分并行管理办法》,自 2018 年 4 月 1 日起施行。

2.3 双积分政策框架

2.3.1 政策框架

双积分政策以汽车制造企业为施政对象,以积分方式量化乘用车技术的能效特性并设置目标值,同时提供企业间正积分的交易机制,是一种兼具积分限额、交易与惩罚功能的新型产业政策。区别于传统产业政策,该政策面向新旧两种技术,以平均燃料消耗量与新能源汽车积分分别衡定,核算规则以车辆性能指标和产量为主要依据。根据《乘用车企业平均燃料消耗量与新能源汽车积分并行管理办法》《乘用车燃料消耗量评价方法及指标》(GB 27999—2019),剖析政策机制,构建双积分政策框架(见图2-8)。

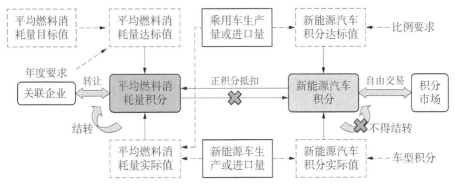

图2-8 双积分政策的框架

平均燃料消耗量积分与新能源汽车积分均设置达标值及实际值,达标值由目标值与当年比值(比例)要求核算。积分总额或正负情况源于达标值与实际值的差额情况,例如,实际值大于(小于)达标值,则积分为正(负),超出部分为积分盈余(赤字)。两类积分数量与传统汽车、新能源汽车的产量或进口量存在密切的关系,相互影响。

1) 平均燃料消耗量积分核算规则

平均燃料消耗量积分规则涵盖目标值与实际值的核算细则,且均涉及新能源汽车及乘用车总生产量或进口量,目标值(T_{CAFC})与实际值(CAFC)的计算如式(2-1)、式(2-2)所示,CAFC总积分的计算如式(2-3)所示。

式(2-1)中,T_i为车型i对应的燃料消耗量目标值,该值以整车整备质量为分段依据,划分各类车型的目标值,且适用对象包括传统燃油车、燃用汽油或柴油的插电式混合动力汽车(见表2-2)。

$$T_{CAFC} = \frac{\sum_{i=1}^{N} T_i \times V_i}{\sum_{i=1}^{N} V_i} \qquad (2-1)$$

表 2 - 2　车型燃料消耗量目标值

整车整备质量(CM)/kg	车型燃料消耗量目标值/(L/100 km)
CM≤1 090	4.02
1 090＜CM≤2 510	0.001 8×(CM−1415)＋4.60
CM＞2 510	6.57

资料来源:《乘用车燃料消耗量评价方法及指标》(GB 27999—2019)。

式(2-2)所示为企业年度的平均燃料消耗量实际值,FC_i 为车型 i 的燃料消耗量实际值,整体运算与式(2-1)类似。不同的是,式(2-2)设置了 W_i,这项变量是车型 i 对应的倍数,倍数对象为纯电动乘用车、燃料电池乘用车以及满足 GB/T 32694 的插电式混合动力乘用车,按年份(2021 年、2022 年……2025 年及以后)计为 2、1.8……1.0 的倍数数值,此外,低油耗乘用车,即车型燃料消耗量不大于 3.20 L/100 km 的乘用车将按上述年份享受产量或进口量倍数,倍数范围为 1.4～1.0。

$$CAFC = \frac{\sum_{i=1}^{N} FC_i \times V_i}{\sum_{i=1}^{N} V_i \times W_i} \qquad (2-2)$$

式(2-3)所示为 CAFC 积分的最终核算,e_j 为逐年严格的企业平均燃料消耗量年度要求,变量设置便于政府根据市场情况、汽车行业现状,调控 CAFC 积分的政策力度。s 为产量或进口量在 2 000 以下的企业调整因子,旨在减轻规模较小的乘用车企业的积分压力,保障其在政策下的成长环境。

$$Credit_{CAFC} = (T_{CAFC} \times e_j \times s - CAFC) \times \sum_{i=1}^{N} V_i \qquad (2-3)$$

综上所述,目标值与实际值的核算并不是单一的目标值与产量或进口量的累计,分母所示的 V_i 为该企业乘用车年度生产或进口总量,包括新能源汽车中不参与 T_i 值核算的纯电动汽车及燃料电池汽车。并且,倍数的存在更导致了新能源汽车及低油耗传统乘用车(车型燃料消耗量不大于 3.2L/

100km)的产量对实际值的影响,相较于目标值,实际值的产生幅度因此下降,故纯电动汽车、燃料电池汽车和低油耗乘用车的产量或进口量将稀释整体的平均燃料消耗量实际值。同时,由于纯电动汽车及燃料电池汽车这类新能源汽车不参与油耗值(FC)的计算,与插电式混合动力汽车、低油耗乘用车不同,纯电动汽车及燃料电池汽车的产量或进口量会降低 CAFC 目标数值,从而影响整体 CAFC 积分。从公式来看,有利于提高 CAFC 数值的车型依次为:低油耗乘用车及插电式混合动力乘用车、纯电动乘用车及燃料电池乘用车、传统燃油乘用车(除低油耗外)。

2) 新能源汽车积分核算规则

新能源汽车积分核算面向三种车辆类型:纯电动乘用车、插电式混合动力乘用车以及燃料电池乘用车。与平均燃料消耗量积分规则类似,新能源汽车积分为实际值与达标值的差额,但不同的是,实际值高于达标值形成的差额为正积分,反之则为负积分。新能源汽车积分核算如式(2-4)所示[1]。

$$\text{Credit}_{\text{NEV}} = \text{NEV} - T_{\text{NEV}} = \sum_{i=1}^{N} S_{\text{NEV}, i} \times V_{\text{NEV}, i} - R \times \sum_{i=1}^{N} V_{\text{CV}, i}$$

$$(2-4)$$

式(2-4)中,NEV 为新能源汽车积分实际值,该值为新能源汽车车型积分($S_{\text{NEV}, i}$)与产量或进口量($V_{\text{NEV}, i}$)的乘积之和。T_{NEV} 为新能源汽车积分达标值,为当年新能源汽车积分比例要求(R)与传统燃油汽车总产量或进口量($V_{\text{CV}, i}$)的乘积。

其中,新能源汽车车型积分规则可见《新能源乘用车车型积分计算方法》。三类新能源汽车车型被纳入核算规则,标准车型积分上限由低到高依次为插电式混合动力乘用车(1.6)、纯电动乘用车[0.005 6×续航里程(工况法,km)+0.4]、燃料电池乘用车[0.08×燃料电池系统额定功率(kW)]。从核算逻辑来看,纯电动乘用车积分要求最为详细,车型积分计算如式(2-5)所示,续航里程系数、能量密度系数及电耗调整系数如表 2-3 所示。另外,

---

[1] 2019 年及以后,产量或进口量在 3 万辆以上的乘用车企业存在新能源汽车积分比例要求,据此条件进行公式归纳。

插电式混合动力乘用车及燃料电池乘用车车型积分核算规则如表 2-4
所示。

$$纯电动乘用车车型积分 = 标准车型积分 \times 续航里程调整系数 \times$$
$$能量密度调整系数 \times 电耗调整系数$$

$$(2-5)$$

表 2-3　纯电动乘用车车型系数核算规则

指标	核 算 规 则
续航里程系数	R 为电动汽车续航里程（工况法），单位为 km。 当 $100 \leqslant R < 150$ 时，续航里程调整系数 $= 0.7$； 当 $150 \leqslant R < 200$ 时，续航里程调整系数 $= 0.8$； 当 $200 \leqslant R < 300$ 时，续航里程调整系数 $= 0.9$； 当 $300 \leqslant R$ 时，续航里程调整系数 $= 1$
能量密度系数	质量能量密度 < 90 Wh/kg，能量密度调整系数 $= 0$； 90 Wh/kg $\leqslant$ 质量能量密度 < 105 Wh/kg，能量密度调整系数 $= 0.8$； 105 Wh/kg $\leqslant$ 质量能量密度 < 125 Wh/kg，能量密度调整系数 $= 0.9$； 125 Wh/kg $\leqslant$ 质量能量密度，能量密度调整系数 $= 1$
电耗调整系数	按整备质量（m, kg）不同，设定纯电动乘用车电能消耗量目标值（Y）。 车型电能消耗量满足目标值，电耗调整系数 $=$ 车型电能消耗目标值/电能消耗实际值（上限 1.5 倍）；其余车型按 0.5 倍计算。 目标值：$m \leqslant 1000$，$Y = 0.0112 \times m + 0.4$ $1000 < m \leqslant 1600$，$Y = 0.0048 \times m + 8.60$

资料来源：《乘用车企业平均燃料消耗量与新能源汽车积分并行管理办法》（中华人民共和国工业和信息化部 2017 年第 44 号）附件 2《新能源乘用车车型积分计算方法》。

表 2-4　插电式混动与燃料电池乘用车车型积分核算规则

车型	核 算 规 则
插电式混合动力乘用车	标准车型积分 $= 1.6$，条件： ①符合《插电式混合动力电动乘用车技术条件》（GB/T 32694）要求； ②车型电量保持模式下的燃料消耗量与燃料消耗量限制（《乘用车燃料消耗量限制》GB 19578 比例 $< 70\%$； ③电量消耗模式的电能消耗量小于前款纯电动乘用车电能消耗量目标值的 135%。 标准车型积分 $= 0.8$，不符合上述条件

车型	核　算　规　则
燃料电池乘用车	标准车型积分$(0.08 \times P)$（P为燃料电池系统额定功率，单位为kW），条件： ① 续航里程≥300 km； ② P≥驱动电机额定功率的30%且P≥10 kW； ③ 标准车型积分$0.5 \times (0.08 \times P)$

资料来源：《乘用车企业平均燃料消耗量与新能源汽车积分并行管理办法》（中华人民共和国工业和信息化部2017年第44号）附件2《新能源乘用车车型积分计算方法》。

从车型积分上限来看，纯电动乘用车作为主要推广对象，车型积分计算更为细致，由标准车型积分、续航里程调整系数、能量密度调整系数与电耗调整系数相乘所得。其中，续航里程调整系数、能量密度调整系数分段计算，电能消耗量目标值计算则关联整备质量。插电式混合动力乘用车评定则与燃料消耗量限值比挂钩，电能消耗量与纯电乘用车存在比值关系要求。燃料电池乘用车研发技术较为困难，积分评定与续航里程、驱电额定功率有关。可见，车辆性能与积分计算紧密相关，单位电耗与整备质量下续航里程、能量密度的提升，直接影响式（2-4）中的车型评分。值得注意的是，上述整理的核算规则（2020年修订后）与2017年所发布的指标有所不同，2017年仅要求续航里程大于100 km，而修订后，用分段函数划分了续航里程的不同层级，从而提升乘用车企业对车辆续航里程技术研发的敏感。工业和信息化部通过对积分、燃料消耗量数值情况和中国乘用车市场内乘用车性能指标的变化考察，加强了对续航里程、电耗值等性能指标的管控力度。

2.3.2　政策修订

为了适应我国新能源汽车行业实际发展需要，2020年6月，工业和信息化部等部门对双积分政策管理办法进行了修订，发布了《关于修改〈乘用车企业平均燃料消耗量与新能源汽车积分并行管理办法〉的决定》。

1）传统能源乘用车定义新增"醇醚燃料"，新增"低油耗乘用车"概念

修订文件指出，第四条第三款对传统能源乘用车的定义中，除汽油、柴油、气体燃料作为能源外，新增了醇醚燃料作为能源的乘用车。《关于在部

分地区开展甲醇汽车应用的指导意见》显示,将燃用醇醚燃料的乘用车纳入积分考核,扩大了双积分政策的涵盖范围和覆盖面。

增加一款作为第四条第四款:"本办法所称低油耗乘用车,是指综合燃料消耗量不超过《乘用车燃料消耗量评价方法及指标》(GB 27999—2019)中对应的车型燃料消耗量目标值与该核算年度的企业平均燃料消耗量要求之积(计算结果按四舍五入原则保留两位小数)的传统能源乘用车。"另外,第十六条增加了一款条例,为低油耗乘用车的生产量或进口量设置了倍数值,2021—2023 年度依次为 0.5、0.3、0.2 倍计算。新增低油耗乘用车概念,并设置产量折扣,旨在为生产低油耗乘用车的企业缓解平均燃料消耗量负积分压力,鼓励企业研发、采纳以节能为主的燃油汽车技术,在向新能源汽车转型升级的同时,兼顾燃油汽车的节能减排。

2) 更新 2021—2023 年度的企业平均燃料消耗量放宽比例

修订文件指出,"2021 年度至 2023 年度,企业平均燃料消耗量较上一年度下降达到 4% 以上的,其达标值在《乘用车燃料消耗量评价方法及指标》规定的企业平均燃料消耗量要求基础上放宽 60%;下降 2% 以上不满 4% 的,其达标值放宽 30%",相比 2016—2020 年度的较上一年下降达到 6% 的要求有所放缓,与新冠疫情暴发后逐步复工复产的现状有关,缓解了疫情冲击下企业所受的积分压力。此外,汽车行业整体平均燃料消耗量下降幅度有所收窄,2019 年的平均油耗实际值已降至 5.5 L/100 km,较 2016 年下降 10% 以上,而 2020 年较 2019 年的平均油耗实际值仅下降 3%,可见,平均燃料消耗量受到了技术条件的约束,呈现下降放缓的态势。

3) 更新 2021—2023 年度的新能源汽车积分比例要求

2019 年度、2020 年度、2021 年度、2022 年度、2023 年度的新能源汽车积分比例要求分别为 10%、12%、14%、16%、18%,以 2% 的幅度逐年收紧。

4) 新能源汽车积分更新结转规则

原管理办法规定,2019 年度以前产生的新能源汽车积分不得结转,2019 年度产生的新能源汽车正积分可以等额结转一年。修订后新增,"2020 年度的新能源汽车正积分,每结转一次,结转比例为 50%;2021 年度及以后年度乘用车企业平均燃料消耗量实际值(仅核算传统能源乘用车)与达标值的比值不高于123%的,允许其当年度产生的新能源汽车正积分结转,每结转一次,结转比例为50%。只生产或者进口新能源汽车的乘用车企业产生的新能源汽车正积分按照50%的比例结转"。

实际上,修订丰富新能源汽车积分的结转规则,对生产传统能源汽车及新能源汽车的企业作出了要求。关联平均燃料消耗量实际值与达标值之间的比值(与《乘用车燃料消耗量评价方法及指标》存在差异,如表2-5所示),与平均燃料消耗量年度要求相比更宽松[①],符合该条件但不符合年度比例要求的企业,有机会通过新能源汽车积分结转的方式来减轻第二年的积分压力,以达到合规目的。但区别以往的无条件结转,既不符合该条例也不符合年度要求的企业因此会受到政策给予的积分压力,新能源汽车积分将会受到平均燃料消耗量的结转阻力,这也使得双积分政策两类积分的并行管理更加紧凑,相互关联。因此,新能源汽车积分结转条例设定条件阻力,明确了企业在新能源汽车积分获取的同时,仍然需要兼顾对企业平均燃料消耗量的把控。

表2-5 不同政策间重要比值指标的差异

关键指标	详情	来源
平均燃料消耗量达标值	平均燃料消耗量目标值与该核算年度的企业平均燃料消耗量要求的乘积。(目标值×平均燃料消耗量年度要求)	《乘用车企业平均燃料消耗量与新能源汽车积分并行管理办法》
平均燃料消耗量年度要求	企业平均燃料消耗量与目标值的比值应不大于规定数值。(实际值/目标值≤比例要求)2021年度:123%2022年度:120%2023年度:115%2024年度:108%2025年及以后:100%	《乘用车燃料消耗量评价方法及指标》

---

① 以2021年为例,年度要求:实际值/目标值≤123%;结转要求:实际值/达标值≤123%,即实际值/目标值≤123%。

续　表

关键指标	详情	来源
新能源汽车积分结转规则	平均燃料消耗量实际值(仅核算传统能源乘用车)与达标值的比值不高于123%。(实际值/达标值≤123%,即实际值/目标值≤123%×比例要求)	《关于修改〈乘用车企业平均燃料消耗量与新能源汽车积分并行管理办法〉的决定》

5) 对关联条例作出了修订和新增

在第二十三条(二)中,"同为境内第三方直接或者间接持股总和达到25%以上的境内乘用车生产企业",删去了"境内"二字。在(三)中新增了"直接或者间接对该境外乘用车生产企业持股总和达到25%以上的境内乘用车生产企业"。

6)《新能源乘用车车型积分计算方法》修订

修订涉及标准车型积分,如表 2-6 所示。另外,原文件规定标准车型积分上限统一为 5 分,而修订后按车型作出了划分,"当 R 小于 100 时,标准车型积分为 0 分;$100 \leqslant R < 150$ 时,标准车型积分为 1 分""纯电动乘用车标准车型积分上限为 3.4 分,燃料电池乘用车标准车型积分上限为 6 分"。标准车型积分获取更加严格,降低了续航里程小于 150 km 的车型积分获取数值。并且,纯电动乘用车及燃料电池乘用车的标准车型积分公式参数调整为原来的一半,从新能源汽车积分整体看,本次修订将导致新能源汽车积分净值下降,目的在于加大政策实施的力度,调整新能源汽车积分的供需杠杆,破除供大于求的积分窘迫局面。

表 2-6　标准车型积分修订前后差别

车辆类型	标准车型积分	
	修订前	修订后
纯电动乘用车	$0.012 \times R + 0.8$	$0.0056 \times R + 0.4$
插电式混合动力乘用车	2	1.6
燃料电池乘用车	$0.16 \times P$	$0.08 \times P$

其中,纯电动乘用车车型积分要求更为详细严苛,核算规则修订前如表2-7所示。修订前,倍数条件一为"30分钟最高车速不低于100 km/h",指标意义在于乘用车的持续恒功率运行的稳定性能否通过考验,即在高功率、高速行驶下的耐久力能否合格;条件二是将100 km作为续航里程的分界岭,最后以整备质量与百千米耗电量为依据,给出倍数值计算车型积分。与修订前不同的是,修订后将续航里程与电耗值分别设置为相应的系数,并以分段函数的形式给出不同的系数值。此外,新增了动力电池系统的质量能量密度系数,由于当质量能量密度<90 Wh/kg时,能量密度调整系数等于0,因此质量能量密度能否达标成为该车型能否获取积分的决定因素。动力电池系统的质量能量密度逐步成为衡量新能源汽车续航能力的评定指标之一。同时,由于我国动力电池行业仍然面临大而不强的问题,与国际先进水平仍然存在差距,这一项指标的加入,表明在新能源汽车行业快速发展中,行业背后的动力电池领域备受关注,同时作为中国整体新能源汽车行业的瓶颈技术也将受到双积分政策的特别"照顾"。

表2-7 纯电动乘用车积分核算规则(修订前)

车辆类型	积分核算规则(修订前)
纯电动乘用车	对纯电动乘用车30分钟最高车速不低于100 km/h,电动汽车续航里程(工况法)不低于100 km,且按整备质量(m,kg)不同,纯电动乘用车工况条件下百千米耗电量(Y,kW·h /100km)满足条件一、但是不满足条件二的,车型积分按照标准车型积分的1倍计算;满足条件二的,按照1.2倍计算。其余车型按照0.5倍计算,并且积分仅限本企业使用。 条件一:$m \leqslant 1000$时,$Y \leqslant 0.014 \times m + 0.5$;$1000 < m \leqslant 1600$时,$Y \leqslant 0.012 \times m + 2.5$;$m > 1600$时,$Y \leqslant 0.005 \times m + 13.7$ 条件二:$m \leqslant 1000$时,$Y \leqslant 0.0098 \times m + 0.35$;$1000 < m \leqslant 1600$时,$Y \leqslant 0.0084 \times m + 1.75$;$m > 1600$时,$Y \leqslant 0.0035 \times m + 9.59$

资料来源:《乘用车企业平均燃料消耗量与新能源汽车积分并行管理办法》(中华人民共和国工业和信息化部2017年第44号)附件2《新能源乘用车车型积分计算方法》。

此外,值得注意的是,燃料电池乘用车除标准车型积分的公式参数存在调整,倍数条件细则在此次修订中并无调整,仍然为"燃料电池乘用车续航里程不低于 300 km,当 P 不低于驱动电机额定功率的 30% 且不小于 10 kW"。结合中国汽车技术研究中心等于 2020 年 9 月发布的《中国新能源汽车产业发展报告(2020)》来看,燃料电池汽车主要集中在商用车领域,乘用车领域内的燃料电池车型规模远远小于纯电动及混合动力车型,因而,双积分政策修订对燃料电池汽车的核算规则并未作出较大改动。

2.4 美国(加州)零排放汽车法规

为达到空气质量标准和实现温室气体减排目标,1990 年美国加州出台了零排放汽车(zero emission vehicle,ZEV)法规,加利福尼亚空气资源委员会(California Air Resources Board,CARB)作为执行机构,落实至整个汽车产业,涉及纯电动、氢燃料电池、氢内燃机、增程电池等作为动力源驱动的新能源汽车,汽车类型涵盖乘用车、区分载重的轻型卡车、中型车等。

2020 年 9 月 23 日,州长为加州设定了三项零排放汽车目标:①到 2035 年,州内销售的新乘用车和轻型卡车将百分百实现零排放;②到 2045 年在可行的情况下,中型和重型卡车百分百实现零排放;③到 2035 年,越野车辆和设备运营百分百实现零排放。依托加州零排放目标,ZEV 市场发展战略需要以 ZEV 法规为基点,ZEV 法规的修订依附于加州汽车行业目标的变化。ZEV 法规运行至今,经过多次修订,形成了不同时间区间的法规版本:2005—2008 年、2009—2017 年以及 2018 年及以后的 ZEV 标准文件。

2.4.1 ZEV 法规的实施目的与经验

1)实施目的

车辆动力燃料燃烧是加州碳排放的主要来源,近年来加州针对汽车行业的环境保护类法规层出不穷。有资料显示,加州南海岸空气质量管理区的 PM2.5 浓度年平均趋势由 2001 年的 30 微克每立方米开始逐年下降,2013 年达到 15 微克每立方米以下,ZEV 法规为主的空气治理类法案成效显著,空气质量得到了明显的提高。然而,IQAir 发布的《2020 年全国空气质量报告》显示,全球污染严重的 100 个城市中有 77 个美国城市,这些城市中有 35 个位于加利福尼亚州,空气治理的落实仍然任重道远,ZEV 法规是加州提高空气质量并减少对气候变化影响的长期解决方案的组成部分。ZEV 法规的实施基于加州健康的空气质量标准和温室气体的减排目标,旨在通过要求汽车制造商生产特定数量的零排放汽车或特定数量的 ZEV 积分,控制来源于汽车的污染物及温室气体排放,实现加州的长期减排目标。

当然,ZEV 法规中涵盖了加州零排放汽车数量目标以及积分总目标,如表 2-8 所示。2018 年政策修订后,ZEV 法规的总体目标新增了对汽车制造商积分的总量控制。法规指出,对于 2018 年及以后的年份,制造商的给定车型产量是前第二、第三和第四年在加州生产和交付的乘用车和轻型卡车数量的三年平均值,公式如下,其中 n 为年份。

$$\text{Traget\_ZEVNum}_n = (\text{Actual}_{n-2} + \text{Actual}_{n-3} + \text{Actual}_{n-4})/3 \quad (2-6)$$

表 2-8　ZEV 法规总目标

年份/年份区间	要求	比例要求(%)
2005—2008		10
2009—2011	ZEV 数量要求	11
2012—2014		12
2015—2017		14
2018		4.5
2019		7.0
2020		9.5
2021		12.0
2022	ZEV 积分要求	14.5
2023		17.0
2024		19.5
2025 年及以后		22.0

例如,2020 年给定的 ZEV 数量要求为 2016 年、2017 年、2018 年的产量或交付数量的平均值。ZEV 法规为了拓展新能源汽车市场,对总量的控制足以加速加州零排放汽车规模的扩张。

另外,ZEV 法规的实施目的也包含了突破零排放汽车市场构建和发展的障碍,给予零排放汽车市场,甚至是加州整个汽车生态系统政策性依托。

依照加州发布的《加州零排放汽车市场发展战略》，ZEV 法规的实施为零排放汽车市场的快速扩张提供了基础，支撑了零排放汽车市场发展战略加速扩大规模目标的落地。

2）实施经验

（1）设置新能源汽车积分获取的基础条件。双积分政策修订以后从新能源汽车单车积分核算规则来看，变相新增了关于电池质量能量密度的新能源汽车积分获取条件，而 ZEV 法规中单独罗列了新能源汽车积分在获取时的条件，该条件涉及规格（加速度、最高时速、恒速范围）、电池要求、保修要求、充电要求、针对纯电动汽车的排放要求以及辅助动力单元（APU）操作等等。从中看来，双积分政策的调整不能仅限于对中国汽车行业平均汽车性能指标的要求，更应该关注行业中低质量低性能的汽车生产，设定更多的积分获取基础条件，表明对低质量汽车的政策态度。

（2）积分池的概念。在 2022 年中国电动汽车百人会论坛上，比亚迪董事长兼总裁王传福表示，积分供需严重失衡，价格大幅波动，对行业发展不利。他建议参照农业的粮食储备调节机制，研究设立一个积分池，以调节供需平衡，增强积分价格的可预见性，确保双积分政策有效运行。2022 年两会全国人大代表、哪吒汽车创始人兼董事长方运舟也认为，（积分）价格波动过大，对于企业的经营造成一定压力，建议国家要形成一个积分池，保持积分价格的稳定平衡。

（3）双积分政策与 ZEV 法规的比较。在新能源汽车积分比例要求方面，双积分政策规定："2019 年开始，达到 3 万产量的乘用车企业，计算新能源汽车积分时，扣除积分比例与传统燃油汽车数量的乘积。"而 ZEV 法规要求："2005 年，设立最低 ZEV 数量的比例要求；2018 年，转而设立最低的 ZEV 积分要求，积分要求逐年递增，并且存在 ZEV 最低积分限制，以及 ZEV 数量的百分比要求。"可见，2018 年及以前，双积分政策的新能源汽车积分核算部分与 ZEV 计划相同，均为单车积分与数量乘积的累计。但是，双积分政策将积分比例要求作为传统燃油汽车对新能源汽车积分的扣除项，加大了传统燃料汽车对新能源汽车积分的负向作用，使得新能源汽车积分的获取条件更为严苛，而 ZEV 不仅对积分存在限额要求，也对 ZEV 百分进行了数量上的把控。

关联企业方面,双积分政策第二十三条规定了关联企业细则,关联企业之间可以进行积分的受让。ZEV 法规则规定:"计算 ZEV 数量时,应排除制造商超过 50% 股权的子公司生产并交付的 ZEV 数量。"可见,双积分政策缓和了处于集团内部的中国乘用车企业积分压力,也给予汽车集团面对积分压力制定战略布局时多元化的选择。

新能源汽车积分规则方面,双积分政策中,新能源乘用车积分计算中包括续航里程、动力电池系统的能量密度以及整车的电能消耗,统一上述性能指标为系数乘积,构成新能源汽车单车积分。ZEV 法规中,电池能量比、续航里程、快速充电等性能指标会为特定年份的车型提供积分的正向乘数,拓宽 ZEV 积分的获取。可见,两项政策均涉及电池能量密度、续航里程等性能指标,表明这两项指标能够作为新能源乘用车性能高低的度量标尺,同样也表明技术性提升对积分获取的重要性。但是,两者存在以下不同:① ZEV 法规增加了对快充的表述,指出"充电时间少于 10 分钟且续航里程在 100 英里①以上的 ZEV 应被视为具有无限的纯电动续航里程,理应获得特定车型年份的最大 ZEV 乘数";②双积分政策增加了车型电耗指标计算,且三类指标系数均为分段函数,划分了技术性能指标计算的不同层级。车型积分计算公式(以纯电动车型为例)为"车型积分 = 标准车型积分 × 续航里程调整系数 × 能量密度调整系数 × 电耗调整系数",与乘数简单的倍数计算不同,续航里程系数按里程数分为 0.7、0.8、0.9、1,电耗系数与整备质量挂钩,较为特别的是能量密度系数,当能量密度 <90Wh/kg 时,能量密度调整系数为 0,导致该车型评分为 0。相较于 ZEV 法规中的电池能量,双积分政策针对车型能量密度设置了最低阈值,表明电池能量密度是目前需要突破的重要技术点。

新能源汽车车型划分方面,双积分政策将新能源乘用车类型分为纯电动乘用车、插电式混合动力乘用车、燃料电池乘用车三类。ZEV 法规中,用于 ZEV 计算的 ZEV 特定等级由最初文件的五大等级更新至目前的八个等

---

① 1 英里 ≈ 1.609 3 千米。

级,分级依据是里程数及快速加油能力。可见,双积分政策的单车积分核算更加注重车型本身的技术性指标,而 ZEV 法规注重的是面向用户的功能性指标。

企业规模差异的区别性施政方面,双积分政策对核算年度生产量 2 000 辆以下并且生产、研发和运营保持独立的境内乘用车生产企业,进口量 2 000 辆以下的获境外乘用车生产企业授权的进口乘用车供应企业,会按照规定放宽其企业平均燃料消耗量积分的达标要求。第十七条对传统能源乘用车年度生产量或者进口量不满 3 万辆的乘用车企业,不设定新能源汽车积分比例要求;达到 3 万辆以上的,从 2019 年度开始设定新能源汽车积分比例要求。ZEV 法规对大批量、中批量、小批量制造商的要求存在差异。对于大批量制造商,在 2026 年及后续车型年,必须达到 22% 的总 ZEV 积分百分比。针对通过生产过渡性零排放车辆(transitional zero emissions vehicle, TZEV)(比如插电式混合动力汽车)满足积分要求的制造商,其过渡性零排放车辆的积分应不超过该制造商在加利福尼亚州所生产乘用车和轻型卡车数量的 6%,而 ZEV 积分必须同时满足其余要求。对于中批量制造商,2018 年及后续车型年,制造商可以满足其所有 ZEV 积分百分比要求;对于小批量制造商,不需要满足 ZEV 积分百分比要求。但是,小批量制造商可以为其在加利福尼亚生产和交付销售的 ZEV 和 TZEV 赚取、存入、营销和贸易信贷。

关于积分转移和受让,双积分政策规定,乘用车企业平均燃料消耗量正积分可以结转或者在关联企业间转让,但新能源汽车积分仅支持交易。ZEV 法规明确了区域性的区池,在西区池和东区池内交易和转移 ZEV 和 TZEV 积分。例如,制造商要弥补 W 州 2020 年车型年 100 个积分的缺口,可以在东部地区池中从 Z 州转移 100 个(2018—2020 年车型年)ZEV 积分。另外,可以交易或转让 2012 年及后续车型年的 ZEV 和 TZEV 积分,以满足西区池和东区池之间的积分要求,但是,任何交易的积分将产生其价值 30% 的溢价。例如,为了弥补 2020 年车型年在西区池中 100 个积分的不足,制造商可以从东区池中转移 130 个(2018—2020 年车型年)积分。但是,不得在制造商的加利福尼亚州 ZEV 积分池与其东区池或西区池之间交易或转移任何积分额度。

2.4.2 美国(加州)与汽车积分相关的其他政策

1) CAFE 标准

CAFE 标准于 1975 年由美国国会颁布,由美国国家公路交通安全管理局与环境保护署共同制定,其目的是通过提高乘用车和轻型卡车的燃油经济性从而降低能源消耗。NHTSA 所要求的 CAFE 标准最终水平取决于汽车制造商和消费者对标准、技术发展、经济状况、燃料价格以及其他因素的反应,2020—2026 年乘用车燃油经济性水平目标曲线如图 2-9 所示。

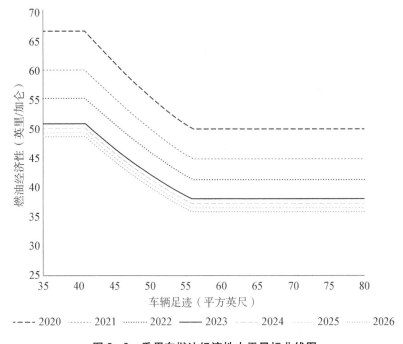

图 2-9　乘用车燃油经济性水平目标曲线图

注:1 平方英尺≈0.0929 平方米,1 英里≈1.6093 千米,1 加仑≈3.7854 升。

CAFE 标准由车辆足迹的数学函数定义,与燃油经济性存在明显的相关性。CAFE 标准采用燃油经济性目标的形式,表示为车辆足迹的函数(车辆轴距和平均轮距的乘积),燃油经济性目标如式(2-7)所示,其中,$TARGET_{FE}$

是适用于特定车型的燃油经济性目标,单位为英里/加仑(mpg),a 是最低燃油经济性目标,b 是最大燃油经济性目标,c 是将燃油经济性的倒数与足迹相关联形成的直线的斜率,d 为该直线截距。同时,每个汽车制造商每年均有一个需要实现的燃油经济性目标,且基于该制造商生产车型的足迹和产量(见表 2-9)。除此之外,各个制造商还应满足国家层面的乘用车燃油经济性最低标准(见表 2-10)。

$$\text{TARGET}_{\text{FE}} = \frac{1}{\min\left[\max\left(c \times \text{FOOTPRINT} + d, \dfrac{1}{a}\right), \dfrac{1}{b}\right]} \quad (2-7)$$

表 2-9 乘用车燃油经济性目标参数(2017—2026 年)

车型年份	参　　数			
	a(mpg)	b(mpg)	c(gal/mi/ft²)	d(gal/mi)
2017	43.61	32.65	0.000513	0.00189
2018	45.21	33.84	0.000495	0.00181
2019	46.87	35.07	0.000478	0.00173
2020	48.74	36.47	0.000460	0.00164
2021	49.48	37.02	0.000453	0.00162
2022	50.24	37.59	0.000447	0.00159
2023	51.00	38.16	0.000440	0.00157
2024	51.78	38.74	0.000433	0.00155
2025	52.57	39.33	0.000427	0.00152
2026	53.37	39.93	0.000420	0.00150

表 2-10 乘用车燃油经济性最低标准(2017—2026 年)

车型年份	最低标准(mpg)
2017	36.7
2018	38.0
2019	39.4

车型年份	最低标准（mpg）
2020	40.9
2021	39.9
2022	40.6
2023	41.1
2024	41.8
2025	42.4
2026	43.1

另外，$CAFE_{required}$ 为给定车型年份的 CAFE 标准要求，通过计算特定车型配置的燃油经济性目标与生产量的加权平均数确定，如式（2－8）所示。其中，i 是特定的车型或车辆配置，$PRODUCTION_i$ 为 i 车型在美国生产销售的数量，TARGET 见式（2－7）。

$$CAFE_{required} = \frac{\sum PRODUCTION_i}{\sum \dfrac{PRODUCTION_i}{TARGET_{FE,\,i}}} \qquad (2-8)$$

（1）积分的交易、转让与结转。

特定汽车制造商的车辆在特定合规类别和车型年份内的平均燃油经济性超过当年该类车型的燃油经济性标准，将获得相应的积分，一个积分等于合规类别中每辆车较燃油经济性标准高出的 1/10 英里/加仑。NHTSA 为每个积分持有者（即制造商）设置了积分账户，账户内存有制造商所拥有的每个合规类别和年份的积分余额。通过积分账户，汽车制造商可以互相交易积分，以实现不同类型的燃油经济性标准的合规目标。CAFE 标准中明确表示，在积分交易或转让时，燃油经济性积分会进行调整。对于交易性质的积分，积分购买方必须将计算所得的调整因子乘以其计划抵扣的积分赤字数量，以确定从积分售卖方获得的等价积分数量。对于转移性质的积分，积分使用者必须将计算的调整因子乘以其计划抵扣的积分赤字数量，以确定从持有的可用积分的合规类别中转移的等效积分数量。上述积分交易、转移的调整因子核算如式(2-9)所示。

$$A = \frac{VMT_u \times MPG_{ae} \times MPG_{se}}{VMT_e \times MPG_{au} \times MPG_{su}} \tag{2-9}$$

其中,A 表示调整因子,VMT_e 表示获得积分车辆的行驶里程,MPG_{ae} 表示获得积分的原始制造商的车辆燃油经济性标准,MPG_{se} 表示获得积分的原始制造商的实际燃油经济性,VMT_u 表示用于积分合规抵扣车辆的行驶里程,MPG_{au} 表示用于积分合规抵扣的购买方制造商的车辆燃油经济性标准,MPG_{su} 表示用于积分合规抵扣的购买方制造商的实际车辆燃油经济性。

就制造商本身的积分结转而言,NHTSA 制订了结转计划。结转计划指出,当制造商核算的平均燃油经济性超过了平均燃油经济性标准时,所获得的积分可应用于:①获得积分年份之前的连续三年中的任何一年;②在未应用第一条的前提下,获得积分年份之后的任何连续五个年份中的一年。

(2) 公司关联性质。

CAFE 标准文件中指出了"控制关系",被定义为受一家公司控制或由多家公司共同控制的关系。如果由于控制关系中的一组公司的燃油经济性或燃油消耗不足而导致民事处罚,则该组内的每个公司对民事处罚有连带责任。"共享关系",即由多家公司制造的车辆或发动机,可以共同承担遵守燃料消耗量标准的责任,提交联合协议以确定公司之间的共享关系。

(3) 关于最低标准的积分使用条件。

为制造商设定国家层面的最低燃油经济性标准和基于属性的特有标准。在任何车型年份中,乘用车合规积分超额或者差额均通过实际 CAFE 值与所需标准值或最低标准值(以较大值为准)来确定。如果制造商平均燃油经济性实际值低于其属性标准,但高于最低标准,则可以通过使用积分值来达到属性标准。如果制造商平均燃油经济性实际值低于最低标准,则这一部分标准差值只能通过制造商客车业务获取的积分来弥补。另外,当制造商并无可用积分来抵消与最低标准的数值差距,那么可以提交一个积分结转计划,以此表明在未来将调整其乘用车的积分合规项目以赚取足够的积分,否则制造商将受到处罚。

除了CAFE标准以外,汽车制造商还必须同时考虑温室气体排放标准,规划它们的合规策略,确保符合这两类标准。

2) 温室气体排放标准

2010年5月,EPA确定了2012—2016年轻型汽车温室气体排放标准和企业平均燃油经济性标准的最终规则。2021年8月,EPA提高了乘用车和轻型卡车的温室气体排放标准,正式发布2023—2026年轻型车辆温室气体排放标准,确定从2023年开始施行修订后的温室气体排放标准(以每英里克数衡量),并逐年提升标准的严格程度。按照标准严格程度的增长速率,2023—2024年增长5%,到2025年增长6.6%,最终到2026年增长10%。特别是,EPA上调了2022—2023年10%的严格程度,他们认为传统汽车行业向新能源汽车行业加速过渡已经开始。为此设立目标,预计在2026年达到每英里161克二氧化碳,或每加仑40英里燃油经济性。

(1) 基本定义。

温室气体排放标准所涉及的空气污染物被定义为六种温室气体的集合:二氧化碳(CO_2)、一氧化二氮(N_2O)、甲烷(CH_4)、氢氟碳化物(HFCs)、全氟碳化物(PFCs)和六氟化硫(SF_6)。其中,该法规对象为多燃料汽车、以替代燃料为燃料的汽车、混合动力电动汽车、插电式混合动力电动汽车、电动汽车和燃料电池汽车。

(2) CO_2目标值。

美国联邦法案公示的轻型乘用车温室气体排放标准细分为CO_2标准、N_2O标准、CH_4标准等,且存在标准互相替代条例,本章以CO_2标准为典型进行阐述,该标准以占地面积为划分指标,设置每辆乘用车CO_2目标值(见表2-11、表2-12)。

表 2 - 11　占地面积小于或等于 41 平方英尺的乘用车 CO_2 目标值

车型年份	CO_2 目标值（克/英里）
2017	195.0
2018	185.0
2019	175.0
2020	166.0
2021	161.8
2022	159.0
2023	145.6
2024	138.6
2025	130.5
2026 年及以后	114.3

表 2 - 12　占地面积大于 56 平方英尺的乘用车 CO_2 目标值

车型年份	CO_2 目标值（克/英里）
2017	263.0
2018	250.0
2019	238.0
2020	226.0
2021	220.9
2022	217.3
2023	199.1
2024	189.5
2025	179.4
2026 年及以后	160.9

此外，对于占地面积大于 41 平方英尺且小于或等于 56 平方英尺的乘用车，应使用式（2 - 10）进行目标值计算，其中，a、b 的定义如表 2 - 13 所示。

$$\text{TargetCO}_2 = a \times \text{footprint} + b \qquad (2 - 10)$$

表 2-13　各车型年份的 a 与 b 数值定义

车型年份	a	b
2017	4.53	8.9
2018	4.35	6.5
2019	4.17	4.2
2020	4.01	1.9
2021	3.94	0.2
2022	3.88	−0.1
2023	3.56	−0.4
2024	3.39	−0.4
2025	3.26	−3.2
2026 年及以后	3.11	−13.1

（3）乘用车车队平均 CO_2 标准计算。

在每个车型年份，制造商必须遵守其乘用车的 CO_2 排放标准。对于不同车型与不同足迹值的组合，应确定每个 CO_2 目标值，并乘以相应车型年份该组合的产量，所得加总除以该车型年乘用车总产量，则为制造商乘用车的平均 CO_2 标准，如式（2-11）所示。

$$CO_2 \text{ 标准} = \frac{\sum \text{target}_i \times \text{production}_i}{\sum \text{production}_i} \qquad (2-11)$$

（4）乘用车车队的实际平均碳排放量。

实际平均碳排放量是车型年末的生产量加权车队平均碳相关排放量，其中，生产量为生产并交付的车辆，单位为克每千米（g/km）。

制造商必须通过生产加权计算得到 CO_2 实际排放水平，且该水平需等于或低于 CO_2 标准。如若实际水平高于平均标准，需通过积分来抵消超出标准部分的赤字。当连续四年未达到 CO_2 标准，制造商将受到 EPA 的处罚。

（5）CO_2 积分核算、抵扣及结转规则。

制造商实际 CO_2 平均排放量低于适用标准时，将生成 CO_2 积分。CO_2 积分在车型年份的最后一天获得，计算方式如公式（2-12）所示，单位为兆克

(Mg),其中乘用车车辆寿命里程为 195 264 英里(公式包括乘用车、轻型卡车等)。

$$CO_2 积分(Mg) = [(CO_2 标准 - CO_2 实际) \times 生产总量 \times 里程数] \div 1\,000\,000$$

$$(2-12)$$

未使用的 CO_2 积分通常在其产生年份之后的五个年份中保持其全部价值,积分可以在制造商的实际平均 CO_2 水平超过适用标准的未来车型年份存入并使用。在积分交易或结转至下一个年份之前,制造商必须使用可用积分来抵消当前的积分赤字。

如果负积分未在指定时间内抵扣,则必须计算不符合平均 CO_2 标准的乘用车数量。当制造商在当年存在负 CO_2 积分且尚无正积分可以进行抵扣时,负积分将会结转至未来三个年份,此时必须用制造商在第三个车型年末产生或购买的适当数量的积分继续弥补。

(6)具体车型乘数附加规则。

对于纯电动汽车、插电式混合动力汽车、燃料电池汽车、专用天然气汽车和双燃料天然气汽车,满足附加规格时将获得相应的产量乘数,对应乘数如表 2-14 所示。

表 2-14　产量乘数

车型年份	纯电动汽车及燃料电池汽车	插电式混合动力汽车	专用和双燃料天然气汽车
2017	2.0	1.6	1.6
2018	2.0	1.6	1.6
2019	2.0	1.6	1.6
2020	1.75	1.45	1.45
2021	1.5	1.3	1.3
2022	—	—	—
2023—2024	1.5	1.3	1.3

对应上述公式中涉及的产量计算,乘数规则划分了两种计算方法,方法一确定了整体积分所有值均使用乘数进行调整,而方法二指出乘数仅适用

于碳相关气体排放量的计算。那么,根据上述方法求得的高性能技术车辆的乘数积分量如式(2-13)所示。

$$\text{Credits}_{乘数积分} = \text{Credits}_{调整后} - \text{Credits}_{调整前} \qquad (2-13)$$

除上述乘数核算细则以外,温室气体排放标准另行规定了 2022—2025 年的乘数积分上限。标准指出 2022—2025 年车型基于乘数的积分不得超过积分上限,如式(2-14)所示。其中,P_{auto} 为制造商当年生产并在美国任何州或地区销售的经认证乘用车总数,P_{truck} 对应卡车。与此同时,基于乘数的积分当量值计算公式也进行了重新定义,如式(2-15)所示。

$$\text{CAP}_{\text{annual}} = 2.5 \times (195\,264 \times P_{\text{auto}} + 225\,865 \times P_{\text{truck}}) \times 10^{-6}$$

$$(2-14)$$

$$\text{annual\_g\_per\_mile\_equicalent\_value} = 2.5 \times \frac{\text{annual\_credits}}{\text{CAP}_{\text{annual}}}$$

$$(2-15)$$

(7) CO_2 积分适用于其他技术性指标。

除 CO_2 标准法规以外,制造商可采用特定的空调系统技术来产生适用于制造商平均计划的积分,该技术旨在减少其乘用车、轻型卡车使用寿命内的车辆空调制冷剂泄漏率,如式(2-16)所示。其中,对于使用 HFC-134a 的空调系统,MaxCredit 为 12.6 克二氧化碳当量/英里,对于使用全球变暖潜力较低的制冷剂的空调系统,MaxCredit 为 13.8 克二氧化碳当量/英里;LeakScore 是年度制冷剂泄漏率,GWP_{REF} 是由管理局另行确定的制冷剂的全球变暖潜力;HiLeakDis 是指高泄漏抑制因子,2012—2016 年车型年为零,2017 年及以后车型年使用式(2-17)确定,如果 GWP_{REF} 大于 150 或公式的计算结果小于零,则 HiLeakDis 应设置为零,如果等式的计算结果大于 1.8 克/英里,HiLeakDis 应设置为 1.8 克/英里。

$$\text{Leakage\_Credit} = \text{MaxCredit} \times \left[1 - \left(\frac{\text{LeakScore}}{16.6}\right) \times \left(\frac{\text{GWP}_{\text{REF}}}{1\,430}\right)\right] - \text{HiLeakDis}$$

$$(2-16)$$

$$\text{HiLeakDis} = 1.8 \times \left(\frac{\text{LeakScore} - \text{LeakThreshold}}{3.3} \right) \qquad (2-17)$$

3）CAFE 标准、温室气体排放标准对比双积分政策的实施经验

（1）设置 CAFC/NEV 最低行业标准数值。

CAFE 标准内实则存在两类标准，一是对照制造商自身的燃油性标准，双积分政策机制与此相似，通过计算制造商本身的平均燃料消耗量目标值，并与实际值对比得到 CAFC 积分。二是在此基础上 CAFE 标准设立了行业整体的燃油经济性年最低标准，且当制造商平均燃油经济性实际值低于最低标准时，这一部分标准差值只能由制造商通过商用车业务获取积分来弥补。

中国双积分政策仅针对乘用车业务，暂未涉及商用车领域。在逐年调整积分比例要求，着眼于平均油耗的基础上，设置最低积分标准将有利于降低乘用车行业的整体油耗值。

（2）乘数积分上限。

温室气体排放标准的 CO_2 积分中，纯电动汽车、插电式混合动力汽车、燃料电池汽车、专用天然气汽车和双燃料天然气汽车，满足附加规格时将获得对应的产量乘数，但利用乘数所获取的积分存在上限。目前双积分政策积分供需严重失衡，设置高性能新能源汽车的积分获取上限，也许有利于改变 NEV 积分远高于 CAFC 积分的现状。

2.5　本章小结

中国双积分政策的参考吸收了 1975 年美国国家公路交通安全管理局与环境保护署共同制定的 CAFE 标准和 1990 年美国加州出台的 ZEV 法规。美国制定 CAFE 标准，旨在提高乘用车和轻型卡车的燃油经济性，从而降低能源消耗以促进产业绿色发展，美国加州出台 ZEV 法规则是为了激活新能源汽车产业的高质量发展潜能。中国将两者合并为一项政策并落地汽车行业实施，目的在于促进汽车产业节能减排、绿色发展。本章回顾分析了双积分政策的产生背景，系统梳理了政策框架，并针对双积分政策与 ZEV 法规存

在的异同开展了详细的对比分析。本章内容对于全面了解双积分政策的起源与形成过程具有十分重要的价值,是进一步研究双积分政策作用机制与实施效果的坚实基础。

第 3 章

双积分政策的作用机制

为发展战略性新兴产业,各个国家都制定了财政补贴、税收优惠、基础设施建设等不同的扶持政策,尽管政策工具所影响的产业价值链环节各异,但政策的目的普遍是通过推动企业产品、技术等一系列研发创新,提升战略性新兴产业发展的质量和规模。研究表明,财政补贴等产业政策对企业创新确实有推动作用(Wang et al.,2022;Zuo & Lin,2022)。与引导性、鼓励性的产业政策不同,环境规制政策则采取强制性、约束性指标的方式,对企业污染公共环境的行为进行规制,研究表明环境规制政策同样具有推动企业创新的显著效果(Li et al.,2022)。当政府将产业发展和环境规制融合在同一个综合性政策中,兼具引导性和约束性,企业面对创新与其他决策的多重选择,是否仍然选择研发创新,还是会做出其他决策,目前的创新理论尚未给出针对性解释。

区别于传统产业政策,双积分政策既面向新能源汽车,同时又针对传统能源汽车,以平均燃料消耗量与新能源汽车积分衡定,核算规则以车辆性能指标和产量为依据。企业可以通过绿色技术创新,推动传统汽车油耗值降低,提升新能源汽车续航里程,满足政策规定的限额。或者,通过提高新能源汽车产量、降低传统燃油车产量,以业务绿色转型的方式更直接地影响双积分数值规模。那么,企业是否会优先进行绿色技术创新,以质为战略目标?还是推动业务绿色转型,以量为决胜关键?此外,企业对两种选择的利弊权衡很大程度上受股权性质的影响,国有企业的决策以政府为逻辑导向,民营企业则更注重内部的最优资源配置,尽可能避免损害企业绩效。不管是绿色技术创新策略还是绿色产能转换策略,都面临资源刚性的阻碍,冗余资源作为企业组织反应的调节器,对绿色发展的战略导向存在重要的影响。双积分政策下企业绿色转型问题的研究,对进一步完善技术创新理论具有理论意义,对产业转型发展和配套政策优化完善则具有重要实践价值。

对此,本章将结合双积分政策框架体系与积分核算规则分析,从理论角度研究该政策对企业绿色技术创新和绿色业务转型的影响,采用双重差分模型,实证研究双积分政策对企业绿色发展的影响,并检验分析股权性质与冗余资源的调节作用,为评价及进一步优化双积分政策提供理论依据,为政策影响下的企业最优决策与产业可持续发展提供对策建议。

3.1 相关研究

3.1.1 产业政策与技术创新

Rothwell 和 Zegveld(1981)将产业政策工具划分为供给面、环境面和需求面三种类型。供给面政策工具指政府直接投入人力、技术等要素,推动产业的发展;环境面政策工具指政府通过财税、法规管制等政策,为产业发展提供有利的政策环境;需求面政策工具则指政府通过采购与贸易管制等手段,减少市场的不确定性,积极开拓并稳定新技术应用市场。双积分政策下,汽车制造企业可以通过多生产新能源汽车或者提升车辆性能,从而获得更多的新能源汽车正积分,政策允许企业交易售出正积分,其实质是通过市场化方式给予企业补贴。从引导企业技术创新的角度看,环境面的补贴政策确实受到学术界的广泛关注。政府为激发产业链上不同主体推动产业发展的积极性,给予企业研发、基础设施建设和消费者购买等直接的财政补贴。其中针对研发的补贴,主要为解决市场低效,特别是企业在研发活动中投资不足的问题(Arrow,1962)。研发补贴被认为是提升企业创新能力、降低研发成本、提高市场成功率的投入驱动政策(Dimos & Pugh,2016),Gao等(2021)研究中央和地方研发补贴对企业探索性创新的异质效应发现,研发补贴能帮助企业降低研发投资风险,使企业能够更灵活地利用财务资源探索和开发来自研发领域的新机会。但是,Hong 等(2016)、Zuo 和 Lin(2022)通过实证研究发现,财政补贴的效果因行业或公司而异,这表明补贴政策的有效性受到特定因素的调节影响。综上可见,政府发布施行与学术研究所关注的产业政策工具,较少直接作用在新能源汽车创新价值链的生产环节,围绕财政补贴,现有研究较为关注政府对产业链特定环节的直接补贴,比如研发补贴对企业创新的影响,但针对积分等市场化方式、间接方式的补贴效应研究相对较缺乏。

3.1.2　环境规制与技术创新

Porter 和 Linde(1995)研究认为,正确制定的环境标准除了增加企业成本,还会促使企业进行更多的创新活动,使企业提高资源生产率,抵消由环境保护带来的成本。受波特假说的影响,许多学者致力于研究环境规制与企业创新之间的关系(Brunnermeier & Cohen,2003;Johnstone et al.,2012;Chen et al.,2022)。Brunnermeier 和 Cohen(2003)针对美国制造业的研究发现,企业为减少污染而增加的成本支出推动了其环境创新,但与现有法规相关的监管和执法活动并没有提供额外的创新激励。Kneller 和 Manderson(2012)针对英国制造业的研究表明,企业的环境研发投入确实受到污染治理压力增加带来的刺激,但环境研发可能会挤出非环境研发,而更严格的环境法规降低了非环境创新的最佳支出。Franco 和 Marin(2017)不仅关注环境税对特定领域的影响,还进一步分析了环境税在上游和下游领域对投入产出关系方面的作用,发现针对下游的环境规制严格性是企业创新和生产力的最主要驱动因素,行业内监管只影响生产率,而不影响创新。Chen 等(2022)针对中国碳排放和空气污染环境法规对绿色技术创新影响的研究表明,碳排放和空气污染的环境规制对城市的绿色技术创新具有积极影响,结论与波特假说一致。而地方政府在研发活动中的人力资源和财政投资积极调节了环境法规与绿色技术创新之间的关联。综上可以发现,环境规制政策有指挥与控制条例、基于市场的监管和非正式监管等多种类型(Xie et al.,2017),现有研究普遍证实了环境规制对技术创新的推动作用,但当约束性指标作为政策的一部分时,政策对企业创新的影响尚未被充分关注和研究。

3.1.3 双积分政策、技术创新和业务转型

双积分政策与应对全球变暖的碳排放限制政策"总量控制与配额交易"(Cap-and-Trade)机制较相似,后者演变自激励性环境规制政策,具有经济刺激特性且附带约束性。但是,与 Cap-and-Trade 机制不同,双积分政策同时管理新旧两种技术,致力于实现旧技术增效限产、新技术增产提效,而非简单地抛弃旧技术、扶持新技术。研究表明,双积分政策对汽车制造企业的技术研发具有一定影响。基于技术运营和研发子模块的因果回路分析,周钟等(2022)通过构建系统动力学模型认为,技术研发是降低燃料消耗量实际值、提高新能源汽车续航里程,从而实现积分负值转正的关键,而政府对关键指标的调控决定着通过市场机制购买正积分的难度和成本,与市场需求因素共同影响企业决策。李旭和熊勇清(2021)通过实证研究发现,双积分政策会显著促进新能源车企的研发投入,研发投入规模相比强度增长更明显,在研发投入结构上表现为"重资本、轻人才"。

相比研发创新,现有研究更关注双积分政策对企业生产决策的影响。程永伟和穆东(2018)通过建立汽车生产商分散决策模型,针对生产计划的策略求解表明,积分交易限量会显著改变企业的最优生产计划及其应急调整策略。依据市场势力构建博弈模型,张奇等(2020)研究发现双积分政策收紧会给传统汽车生产商的产量和利润带来负面影响,但对新能源汽车生产商的影响是不确定的。现有研究普遍认为双积分政策能够抑制传统汽车的发展,扩大新能源汽车的市场规模,并促进新能源汽车技术的更新迭代(Li et al.,2018;Li et al.,2019),但也指出双积分政策的设计存在问题。通过搭建 NEOCC 优化模型,He 等(2020)研究双积分政策对温室气体的影响时发现,每年检测传统燃料汽车的实际油耗,提高油耗节能性水平能极大加快产业绿色化进程,但不应该单一考虑政策所要求的积分额度;Lou 等(2020)则指出,双积分政策的实施无法帮助乘用车提高传统汽车的燃油经济性,同时无法减少高油耗传统汽车的生产,建议将新能源汽车积分与传统燃油汽车

的生产脱钩,设定积分交易合理的上下限,为不同类型的企业制定不同的乘数;Ou 等(2018)站在企业的角度,认为规制性产业政策的提出削减了企业利润。另有研究建议,双积分政策应配套研发补贴政策和新能源汽车需求刺激政策,后者会显著激励企业增产新能源汽车,尤其是当传统燃油汽车需求较大时的政策效果更佳,但刺激政策对企业新能源汽车扩产决策的推动作用会逐渐弱化(郑吉川等,2019)。

围绕双积分政策,现有研究主要侧重于政策的影响,包括对现行补贴政策的替代效应、对电动汽车销售和行业利润的影响,以及对生产商技术投资、定价决策和生产策略的影响等。研究方法以量化模型构建为主,在模型的基础上进行情景仿真分析或求解最优目标解。双积分政策框架体系复杂,涉及积分核算、年度间结转、关联企业转让和自由交易与定价等,现有建模研究一般仅考虑特定政策细节,或抽取部分政策特征,研究结果的稳健性和适用性较有限,同时欠缺采用实证方法分析政策效果及其影响。

3.2　理论分析与研究假设

3.2.1　双积分政策对企业的影响机制

产业政策对企业的影响源自政策的内部机制。如图 3 - 1 所示,从双积分政策的积分核算规则出发,本章构建了双积分政策机制与企业策略框架。从企业策略来讲,首先是研发创新策略,为避免平均燃料消耗量积分负值,企业可以通过研发创新以降低传统能源车型的燃料消耗量。而针对新能源汽车的研发创新,提升单位车型积分,有助于获取新能源汽车正积分,两者都体现了绿色技术创新的理念(Lu et al.,2022)。与研发投入改善车辆性能指标的效果不同,降低传统燃油车产量,提高新能源汽车产量,即向新能源汽车的绿色业务转型,能够直接作用于两项积分的数值,有助于增加平均燃料消耗量和新能源汽车正积分,而当平均燃料消耗量积分为负值时,有助于降低负积分。

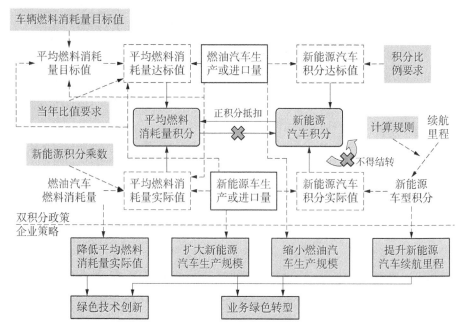

图 3-1 双积分政策与企业策略框架

1) 绿色技术创新

创新已被广泛认为是企业成功和经济增长的动力之一,熊彼特创新理论认为创新和技术进步是促进宏观经济增长的内生性决定因素,在此基础上建立的创新驱动发展理论体系强调科技突破对新兴产业和经济发展的重要性。然而,信息不对称、外部融资渠道有限等多种因素会导致企业研发创新投入不足(Rajan & Zingales,2001)。首先,从技术、战略、市场到利润各方面,创新的不确定性和风险性会阻碍企业研发投入的积极性,并导致研发融资困难。其次,作为创新主体的企业,与资金提供方之间存在信息不对称。受限于技术信息的有限性,投资人往往难以客观、准确地评估研发成功的概率,导致研发融资困难,阻碍创新(Zuo & Lin,2022)。最后,企业持续投入获取的创新成果存在外溢至竞争对手的风险,也是导致企业研发投入不足的重要因素。

政府被认为是推动和促进企业创新的重要角色,会通过制定政策来达到开发特定绿色技术、实现产业可持续发展等公共目的(Haskel & Westlake，2018)。围绕传统能源汽车和新能源汽车的性能指标，双积分政策设计了详细的积分计算规则，通过研发创新降低传统能源汽车的平均燃料消耗量实际值，是实现平均燃料消耗量积分由负转正的关键，而提升新能源汽车单位电耗下的续航里程等性能指标，同样有助于显著提升新能源汽车的正积分。在双积分政策框架下，两种积分的平衡将会避免企业陷入经营发展的不利局面，甚至有望通过与其他企业交易新能源汽车正积分而盈利。此外，车辆性能提升，将为企业带来市场竞争优势。研发创新带来的确定性获益，从战略、市场到利润，无疑规避了创新不确定性带来的风险，也更利于研发资金提供方客观评价研发创新的前景。

本章采用绿色技术创新指代企业为降低传统能源汽车燃料消耗量和提升新能源汽车性能所开展的研发创新，提出如下假设。

假设 1：双积分政策对推动汽车制造企业绿色技术创新存在正向影响。

2) 业务绿色转型

早在 2010 年，中国政府便将新能源汽车列为重点培育和发展的战略性新兴产业，为确保能源安全和可持续发展以及推动温室气体减排，欧盟和日本更早制订了新能源汽车产业的发展计划。研究发现，先进入新市场的企业，相比竞争对手更容易获得长期竞争优势，这被称为先发策略。先进入新兴产业的企业，能够通过提供新的产品或服务，或者采用竞争对手没有的商业流程来获得先发优势。许多企业使用这种策略获得竞争优势，因为先行者相比追随者拥有更多的市场份额。在新能源汽车领域，随着充电基础设施的逐步完善、消费者对新能源汽车认知的强化和新能源汽车技术的迭代完善，通过投资或转型，迅速提升新能源汽车产能产量从而占领新的市场，对于企业成为新市场中的先发优势获得者至关重要(Flor & Moritzen，2020)。

相比一般企业进入新的市场，汽车产业面临的情况更为复杂，许多大型车企严重依赖传统能源汽车业务，在拥有稳定产销收益的同时，前期投入的沉没成本巨大。向更清洁的新能源汽车领域转型，企业需要解决协调对传统能源汽车业务的依赖问题。针对中国高污染行业的研究表明，绿色金融、绿色信贷等环境规制类政策能够有效推动企业的绿色转型(Lu et al.,2022；Tian et al.,2022)。设置了积分平衡约束要求的双积分政策,针对两种车型的产量设计了详细的规则。其中,考虑到平均燃料消耗量实际值普遍高于政府制定的达标值,传统能源汽车产量一般会放大平均燃料消耗量的积分负值。与此同时,传统能源汽车的产量越低,新能源汽车产量越高,更有利于企业获取新能源汽车正积分。可见,不管是从先发优势的视角,还是政策推动企业绿色转型的视角,实施双积分政策,将以行政手段有力推动企业进入新能源汽车新兴领域。对此,给出如下假设。

假设 2:双积分政策对推动汽车制造企业向新能源汽车业务绿色转型存在正向影响。

3.2.2 股权性质与冗余资源的调节作用

企业股权性质的差异在其进行创新决策或资源分配时起着重要作用,企业应对产业政策作出的决策同样会因股权性质差异而存在不同。国有控股企业通常遵循政府主导逻辑(于潇宇、庄芹芹,2019),在面对国家战略与政策时,更具动力响应、顺应国家出台产业政策的初衷(卫舒羽、肖鹏,2021)。双积分政策框架下,其研发投入和业务转型的意愿较强。与国有企业不同,近年来虽然政府围绕民营企业出台支持政策,缓解了民营企业遇到的信贷歧视、市场准入政策歧视等窘境(邓新明,2011),但民营企业的发展压力仍然存在,其经营决策离不开对市场变化、生存压力的优先考量。此外,国有金融体系与国有企业的联结是一种自上而下的纵向刚性关联,而民营企业的金融支持,则需要横向的信用关系作为依托(罗党论、甄丽明,2008),民营企业会把信贷融资量、证券代理成本等纳入决策考量,以保证企业的抗风险能力。

除经营目标外,国有企业在一定程度上兼顾着政府发展地方经济、促进就业等任务,企业内部的管理程序与战略选择存在政府干预色彩。国有企业会综合考虑政府政策实施需求,制定相应的策略,迎合政府主体的产业任务与目标。然而,也有学者指出国企高管薪酬受到行政管制,使企业整体的长期业绩受到负面影响,缺少进行研发活动的长期激励。同时,研发创新活动的回报具有滞后性,重视短期盈余的国有企业被认为不会加大研发投入进行绿色技术创新(刘胜强、刘星,2010)。总体来讲,股权性质的差异会影响企业在政策实施下的策略选择,对此本章提出如下假设。

假设 1a:股权性质会调节双积分政策对汽车制造企业绿色技术创新的影响。

假设 2a:股权性质会调节双积分政策对汽车制造企业业务绿色转型的影响。

依据潘罗斯的企业成长理论(Pitelis & Wahl,1998),企业成长的原动力是企业使用自身资源所产生的服务。企业发展的关键在于,管理者对企业内部资源和运营的"函数"如何求解,即处于均衡市场环境中,企业高层对资源配置、战略制定能否安排妥当,而企业内部超额的资源会影响企业对市场竞争中生产创新机会的把握。组织行为理论认为,冗余资源是组织反应的调节器,冗余资源对企业创新选择抑或是业务转型都存在一定的影响。现有研究对冗余资源的作用存在争论,部分学者认为,冗余资源存在促进作用,原因是冗余资源放松了企业对管理活动的控制,缓冲了所处环境变化的强烈冲击,令企业在复杂多变的竞争环境得以生存;而也有学者表明,冗余资源对创新和绩效都是消极的,他们认为在面对复杂的策略环境时,冗余资源的存在会误导管理者作出错误的鲁莽决策,造成资源浪费,从而损害企业创新或业务绩效。Nohria 等(1996)则认为冗余资源对创新的影响并不是简单的促进或是抑制作用,两者是倒 U 形的关系,表明过多或者过少的冗余资源对企业创新提高的选择都是不利的。

冗余资源一般会以不同的形式存在于企业内部,按照流动性特点可以划分为沉淀性和非沉淀性冗余资源两类。非沉淀性冗余资源较灵活、流动性强且可重置,一般为现金流、货币资产等,能够给予管理者更多调配空间;沉淀性冗余资源流动性较差且具有隐蔽性(李晓翔、刘春林,2011),往往指内嵌于企业内部,转化为固定资产的生产机器等。过多的非沉淀性冗余资源一定程度上会造成管理者对外部环境的错误感知,从而制定不恰当的战略决策(Geiger & Makri,2006)。而沉淀性冗余资源内化于企业内部,以固定资产的形式存在,通常与企业生产活动密切相关(王亚妮、程新生,2014)。当面对危机时,企业很难迅速做出适应性调整,例如,通过调控多余的生产机器提升产能。因此,根据以上理论分析,本章给出如下假设。

假设 1b:冗余资源会调节双积分政策对汽车制造企业绿色技术创新的影响。

假设 2b:冗余资源会调节双积分政策对汽车制造企业业务绿色转型的影响。

综上所述,相关研究假设如图 3-2 的理论模型所示。

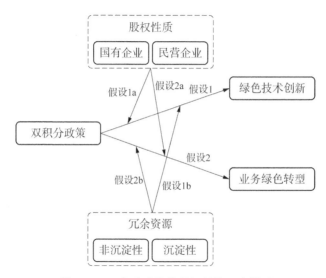

图 3-2 双积分政策作用机制的理论模型

3.3 研究设计

3.3.1 研究方法

为实证研究双积分政策对企业绿色技术创新和业务绿色转型的影响,本节采用双重差分模型(difference-in-differences,DID),该方法近年来多用于计量经济学中对于公共政策或项目实施效果的定量评估(Guido &

Jeffrey,2009)。DID 的原理是基于一个反事实的框架,评估政策发生和不发生两种情况下被观测因素的变化。针对外生的政策冲击,将样本分为两组——受政策干预的实验组和未受政策干预的对照组,且在政策冲击前,实验组和对照组的被解释变量值没有显著差异,便可将对照组在政策发生前后值的变化,看作实验组未受政策冲击时的状况。

3.3.2　模型构建

1) 数据来源及样本选择

双积分政策的施政对象为《汽车和挂车类型的术语和定义》中规定的乘用车,依据工业和信息化部发布的 2017—2020 年度《中国乘用车企业平均燃料消耗量与新能源汽车积分核算情况表》,本章选取其中大型汽车集团旗下的新能源汽车整车制造企业作为实验组,按企业主营业务分类,选取未受到政策影响的商用车整车企业作为对照组。通过整理工业和信息化部 2016—2020 年陆续发布的积分公示表,发现每年参与积分核算的汽车企业变动范围较小,因此可以确保实验组样本始终受到双积分政策的影响。在选取样本组过程中做了如下处理:①剔除低产量上市企业。该类型企业生产量较低,实证结果反映误差较大;②剔除未公开相关变量数据的上市企业。经过如上处理,本章共计选取 43 家汽车制造商企业作为研究样本,数据来源于国泰安经济金融研究数据库(CSMAR)、历年的《中国乘用车企业平均燃料消耗量与新能源汽车积分核算情况表》及企业年报。

2009 年起,在政府主导的市场监管、补贴政策刺激之下,我国汽车产业进入快速发展阶段。2012 年,工业和信息化部开始要求乘用车企业报送平均燃料消耗量积分相关信息,并对各项指标进行公示。2017 年双积分政策由工业和信息化部公开发布并推广实施,对参与核算的乘用车企业的生产经营活动产生了重要影响。因此,考虑到数据的可得性,将模型时间设定为 2012—2020 年,2017 年为政策实施年,将其作为 DID 方法的政策冲击点。本章数据综合时间序列和横截面数据,为短面板的面板数据,符合 DID 使用基本条件之一。

2) 模型构建及变量说明

自然实验难以控制所有无关因素,存在随机扰动和无关因素的影响(陈林、伍海军,2015)。本章上述样本上市汽车企业作为一项"准自然实验",按生产乘用车类型划分,将乘用车企业作为实验组,商用车企业作为对照组。基准模型构建如式(3-1)所示。

$$y_{it} = \beta_0 + \beta_1 \text{Group}_{it} + \beta_2 \text{Time}_{it} + \beta_3 \text{DID}_{it} + \beta_4 \text{Control}_{it} + \varepsilon_{it} \quad (3-1)$$

其中,i 和 t 分别表示企业编号和年份,y_{it} 为被解释变量,即双积分政策影响下的研发投入或业务转型。Group_{it} 分别代表乘用车实验组和商用车对照组,取 1 为实验组,取 0 为对照组。Time_{it} 代表政策时间,取 1 为政策后(2017—2020 年),取 0 为政策前(2012—2016 年)。DID_{it} 为双积分政策的政策效应,Control_{it} 为控制变量,ε_{it} 为随机扰动项,β_0、β_1、β_2、β_3 和 β_4 分别为相应的系数值。

上述主要变量选取和计算方法如表 3-1 所示。

表 3-1　变量定义

变量类型	变量名称	单位	变量描述
被解释变量	绿色技术创新规模 (GTI Scale)	专利件数	发明专利申请量(IPC 绿色清单)
	绿色转型规模 (GBT Scale)	辆	新能源汽车产量
	绿色转型重心 (GBT Ratio)	%	新能源汽车产量÷汽车总产量
解释变量	政策效应	—	"样本组"与"双积分政策"的交叉项
调节变量	股权性质 (Property Ownership)	—	1 代表国企,0 代表民营企业
	非沉淀性冗余资源 (Unabsorbed Slack Resource)	%	速动资产÷营业收入
	沉淀性冗余资源 (Absorbed Slack Resource)	%	管理费用÷营业收入

续　表

变量类型	变量名称	单位	变量描述
控制变量	资产负债率 (Debt Assert Ratio)	％	负债总额÷总资产
	人均薪酬 (Per Capita Income)	元/人	应付薪酬总额÷员工总人数
	政策补贴 (Government Subsidy)	％	新能源汽车补贴÷(上期)营业收入
	税收优惠 (Preferential Taxation)	％	(所得税税费－税费返还)÷(上期)营业收入

（1）被解释变量。针对绿色技术创新变量的测度指标，以世界知识产权组织发布的"国际专利分类绿色清单"（IPC Green Inventory）为依据，通过获取样本企业对应 IPC 分类号下的发明专利申请量来衡量。关于业务绿色转型变量的测度，以样本企业的新能源汽车产量为主要依据，采用"新能源汽车产量"和"新能源汽车产量占总产量比重"两个指标衡量。

（2）解释变量。将样本组与双积分政策的交叉项 DID_{it} 作为解释变量，代表双积分政策对企业绿色发展的影响程度。

（3）调节变量。考虑到企业的绿色发展战略选择会因股权性质差异而不同，国有企业遵循政府逻辑积极面对产业政策调节，而非国有企业面对经营压力可能更倾向于市场导向。同时，企业拥有的不同类型的冗余资源会影响企业内部管理者的决策行为，按照流动性原则，可将冗余资源区分为沉淀性冗余资源和非沉淀性冗余资源。本章考虑上述因素的调节影响，将"股权性质""沉淀性冗余资源"和"非沉淀性冗余资源"列入调节变量。

（4）控制变量。新能源汽车补贴优惠政策正处在逐渐退坡阶段，补贴政策与双积分政策共同作用于我国的汽车产业，会影响双积分政策的实施效果。同时，相对于普惠性的补贴政策，税收选择性激励更容易诱发企业的策略性迎合行为，使得双积分政策等规制性政策的作用降低，导致企业对突破式研发创新缺乏投入热情。本章将"政策补贴""税收优惠"以及"资产负债率"和"人均薪酬"一并作为控制变量。主要变量的描述性统计如表 3-2 所示。

表 3-2　主要变量特征

变量名称	均值	标准差	最小值	最大值
GTI Scale	0.743	0.597	0.000	2.045
GBT Scale	3.742	1.093	0.000	5.465
GBT Ratio	0.149	0.172	0.000	0.628
Government Subsidy	0.111	0.176	0.001	0.712
Preferential Taxation	0.035	0.096	−0.058	0.595
Debt Assert Ratio	0.646	0.137	0.352	0.975
Per Capita Income	4.271	0.419	2.891	5.859
Property Ownership	0.692	0.464	0.000	1.000
Unabsorbed Slack Resource	1.004	0.322	0.380	2.129
Absorbed Slack Resource	0.054	0.032	0.017	0.208

3.4 实证结果

3.4.1 基准回归结果

本章依据基准回归模型,使用固定效应估计的面板回归,分析双积分政策对绿色技术创新的影响,回归结果如表 3-3 所示。

依照被解释变量,表 3-3 划分了三个模型。模型(1)针对企业的绿色技术创新行为,从回归结果看,双积分政策对企业绿色技术创新的影响不显著,表明政策制定实施后,乘用车制造企业并未选择以技术创新的方式应对政策要求。因此,回归结果不支持假设 1。究其原因,2011—2017 年是我国汽车产业高速发展时期,在国家机动车污染物排放标准和市场竞争的推动下,传统汽车的燃油经济性有较大提升。2017 年双积分政策出台后,燃油汽车的技术迭代进入发展瓶颈期,研发节奏减缓,使得政策激励效果并不明显。此外,技术创新存在溢出负效应,使得乘用车企业的边际收益下降,削弱企业的创新积极性,损害以利益最大化为原则的经济主体的创新动力。国内汽车企业历来重利润、轻研发,在燃油汽车产销量下滑的现状下,不采取大幅增加绿色技术创新的策略,能让短期报表更佳。

表 3-3　DID 基准回归结果

变量	(1) GTI Scale		(2) GBT Scale		(3) GBT Ratio	
DID	0.020	0.012	1.417***	1.447**	0.071**	0.064**
	(0.109)	(0.113)	(0.241)	(0.580)	(0.030)	(0.027)
Debt Assert Ratio		0.360		2.502		−0.321**
		(0.554)		(2.479)		(0.134)
Per Capita Income		0.208		−0.976		0.005
		(0.169)		(0.763)		(0.041)
Subsidy		0.144		−0.038		0.107*
		(0.246)		(0.315)		(0.059)
Preferential Taxation		−1.092*		−0.902		0.784***
		(0.653)		(1.348)		(0.158)
常数项	0.739***	−0.360	3.403***	5.270	0.132***	0.189
	(0.037)	(0.854)	(0.083)	(4.226)	(0.010)	(0.200)
R^2	0.805	0.814	0.713	0.626	0.821	0.570
时间固定效应	是	是	是	是	是	是
个体固定效应	是	是	是	是	是	是

注:＊表示显著性水平,＊＊＊$p<0.01$,＊＊$p<0.05$,＊$p<0.1$;表中非括号值为系数,括号内为标准误,下同。

模型(2)和(3)检验了双积分政策对企业绿色转型规模与重心的影响。模型(2)的结果表明,在控制其他因素对双积分政策效应的干扰后,新能源汽车产量的倍差项系数变小,显著性略微提高。从回归结果可知,双积分政策对新能源汽车产量的影响较显著,且在加入控制变量后,乘用车上市企业仍然选择绿色转型,扩大新能源汽车生产规模。根据模型(3)的结果,政策对企业提升新能源汽车产量在总产量中的占比具有显著影响,其倍差项估计系数在5%的置信水平下为 0.064,说明在政策的刺激下,业务重心以6.4%的速度稳步上升。结合模型估计系数来看,在政策实施以后,新能源汽车产量的增速已经超过了汽车总产量的增速,乘用车上市企业普遍采取扩大新能源汽车生产规模的方式,应对平均燃料消耗量积分缺口和新能源汽车积分赤字。

从控制变量方面分析,在控制个体和时间固定效应后,模型(1)的资产负债率估计系数呈现正向显著,表明企业资产负债经营能力与绿色技术创新的执行规模和强度存在正向关系。而在绿色转型的重心方面呈现负向显著,说明资产负债率越高,企业越不倾向于向作为新领域的新能源汽车业务转型。此外,新能源汽车补助仅对企业的绿色转型重心在5%的置信水平下存在正向显著作用,对绿色技术创新并无显著影响,表明新能源汽车补贴政策的促进作用在逐渐衰退,汽车产业发展对补贴政策的依赖性减弱,符合政府决定新能源汽车补贴逐步退坡的政策出发点。

综上所述,2017年双积分政策出台以来,国内乘用车上市企业普遍未采用增加研发投入的绿色技术创新行为,转而加大新能源汽车产量及其在生产计划中的比重,以推动绿色转型的量变进程。面对逐年严格的双积分政策合规要求,乘用车制造企业这种以"量"为主的绿色转型发展,既有利于在短期内获取新能源汽车积分,避免大量负积分造成的经营压力,又能加快新能源汽车板块的扩张与市场占有。

3.4.2 稳健性检验

1)平行趋势检验

平行趋势是双重差分法的重要前提,即处理组和控制组在没有政策干预的情况下存在共同趋势。为保证政策评估结果的可靠性,本章采用事件研究法,对样本数据做平行趋势检验,估计模型如式(3-2)所示。

$$\text{TFP}_{it} = \beta_0 + \sum_{j=-2}^{j=3} \partial_j \text{Treat}_i \times \text{Year}_j + \lambda_i + \upsilon_t + \varepsilon_{it} \qquad (3-2)$$

Treat×Year 表示处理组虚拟变量与年份虚拟变量的交互项;j 代表政策冲击第 j 年,$j=0$ 时为政策冲击当年。平行趋势检验主要查看政策冲击前后估计系数 ∂_j 的显著性,如果 $j<0$ 期间,估计系数 ∂_j 不显著,即并未拒绝 $\partial_j=0$ 的原假设,则符合平行趋势假设;反之,则说明处理组与对照组在双积分政策实施之前存在差异,无法通过平行趋势检验。

平行趋势检验结果如图3-3至图3-5所示,可以发现,2017年双积分政策冲击以前,四个变量的估计系数 ∂_i 值均不显著,且除研发投入强度指标以外,均在政策实施年份后呈现政策效应,尤其是新业务规模,在政策当年及以后年份均存在正向的政策效应。总体上,平行趋势假设检验结果表明,本章模型符合双重差分法的前提条件。

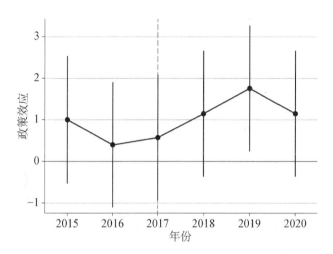

图 3-3 绿色技术创新规模平行趋势图

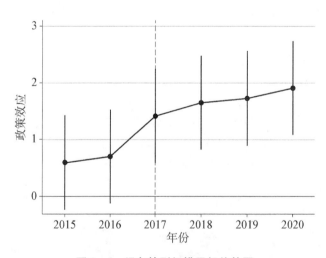

图 3-4 绿色转型规模平行趋势图

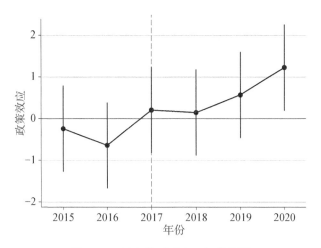

图3-5 绿色转型重心平行趋势图

2）安慰剂检验

为了验证结果与现象之间的因果效应,排除双积分政策影响以外的干扰因素,本章采用安慰剂检验方法,通过虚构政策时间估计来检验原估计结果的稳定程度。在虚构政策时间的情况下,伪政策变量的系数依然显著,说明原估计结果可能出现偏误,被解释变量的变动可能是由于其他政策的影响,或是其他因素的干扰所致。将政策时间由2017年提前至2013年,回归结果如表3-4所示。回归结果显示,四个变量的政策效应变量(DID_new)均不显著,排除了其他因素对双积分政策下企业绿色技术创新投入与绿色转型决策的干扰,表明本章结果具有可靠性。

表3-4 安慰剂检验结果

变量	(1)	(2)	(3)
	GTI Scale	GBT Scale	GBT Ratio
DID_new	−0.029	−0.318	0.028
	(0.131)	(0.243)	(0.028)
Time_new	0.039	0.949***	0.043***
	(0.099)	(0.295)	(0.016)
Treat_new	−0.474**	1.209**	0.165**
	(0.221)	(0.484)	(0.070)

续　表

变量	(1) GTI Scale	(2) GBT Scale	(3) GBT Ratio
Debt Assert Ratio	−0.234	−0.994	0.125
	(0.909)	(1.808)	(0.113)
Per Capita Income	0.335*	−1.097	0.020
	(0.192)	(0.734)	(0.026)
Subsidy	0.076	−0.661	−0.003
	(0.328)	(0.427)	(0.040)
Preferential Taxation	−0.706**	0.735	0.608***
	(0.328)	(0.870)	(0.159)
常数项	−0.406	7.674**	−0.183*
	(1.175)	(3.561)	(0.110)
R^2	0.547	0.525	0.661
时间固定效应	是	是	是
个体固定效应	是	是	是

3.5　调节效应分析

3.5.1　股权性质

由于数据源有限,本章样本中仅包括国有和民营两种股权性质类型,且股权性质数据为虚拟变量。因此利用替代设定方法构建股权性质的调节模型,并且借鉴 Adams 等(2006)的研究,设计如下离散型调节模型:

$$Y = \alpha_0 + \alpha_1 \text{Equity} + \alpha_2 \text{DID} \times \text{Equity} + \alpha_3 \text{DID} \times (1 - \text{Equity}) + \varepsilon$$

$$(3-3)$$

当 Equity 为 1(国有企业)时,政策效应(DID)的边界效应为 α_2;反之,Equity 为 0(民营企业),政策效应的边际效应为 α_3,模型检验结果如表 3-5 所示。交互项(DID×Equity)系数显示,针对企业增加绿色技术专利申请量和提高新能源汽车产量,国有股权性质变量的调节作用具有统计显著性,均为正向调节作用,表明国有企业对产业政策的迎合意愿较强,具有以国家战略为核心的决策逻辑导向。但是,国有股权性质对企业绿色技术创新行为的调节作用并不显著,反映出部分国有企业在迎合新能源汽车产业发展趋势,扩大新能源汽车生产规模的同时,仍侧重保留原有的业务重心,将传统燃油汽车作为主营业务。

表 3-5 股权性质调节作用检验的回归结果

变量	(1)	(2)	(3)
	GTI Scale	GBT Scale	GBT Ratio
Equity	0.146	3.856***	0.222***
	(0.127)	(0.430)	(0.049)
DID×Equity	0.330**	1.017***	0.046
	(0.145)	(0.270)	(0.031)
DID×(1−Equity)	0.199	1.711***	0.122***
	(0.175)	(0.289)	(0.033)
Debt Assert Ratio	0.078	−0.380	−0.100
	(0.418)	(0.817)	(0.094)
Per Capita Income	0.673***	−0.673**	−0.054
	(0.122)	(0.305)	(0.035)
Subsidy	−0.529*	−0.332	0.117**
	(0.286)	(0.503)	(0.058)
Preferential Taxation	−0.576	−0.824	0.792***
	(0.529)	(1.350)	(0.155)
常数项	−2.269***	2.278	0.144
	(0.644)	(1.487)	(0.171)
R^2	0.379	0.860	0.870

此外,民营股权性质对双积分政策推动企业绿色技术创新无明显调节作用,但对提升新能源汽车产量,及其绿色转型策略均具有明显的正向调节作用。究其原因,传统燃油汽车技术的进步空间较小,民营企业并不具有竞争优势,而新能源汽车核心技术的攻关难度大,研发投入带来的经营风险大,且技术创新策略的回报具有滞后性。同时,以比亚迪为代表的民营汽车企业对传统燃油汽车业务的依赖性相对较弱,而在新能源汽车产量与车型

布局上具有一定先发优势。汽车产业变革等环境不确定性带来的决策风险,会使民营企业管理者的风险偏好水平更高(申慧慧等,2012),但受高层管理者平稳性决策思维制约,民营汽车企业往往不倾向于制定回报滞后性的研发投入策略,而是通过向新能源汽车业务转型,迅速把握汽车产业的新发展机遇,成为"弯道超车"的一员。

3.5.2　冗余资源

为了检验不同类型冗余资源对双积分政策效应的调节作用,本章设计了如下回归模型:

$$y_{it}^* = \omega_0 + \omega_1 \text{DID}_{it} + \omega_2 \text{Moderator}_{it} + \omega_3 \text{DID}_{it} \times \text{Moderator}_{it} + \varepsilon$$

$$(3-4)$$

其中,Moderator 为调节变量,$\text{DID}_{it} \times \text{Moderator}_{it}$ 为调节效应的交互项;ω_0、ω_1、ω_2 和 ω_3 为相对应的系数项。本章主要考察交互项系数 ω_3 是否显著,当 ω_3 显著时,说明调节效应存在。

1) 非沉淀性冗余资源

表 3-6 针对非沉淀性冗余资源调节作用的回归结果显示,绿色业务重心转型的交叉项系数为 -0.107 且显著,表明非沉淀性冗余资源对双积分政策推动企业绿色转型存在负向调节作用。现有研究普遍认为,由于非沉淀性冗余资源的可变现能力强,理论上能够为企业缓解资源约束压力,减轻企业变革中面临的压力,有效帮助企业进行探索式技术创新和转型。但须意识到,非沉淀性冗余资源仅代表企业的转型能力,并不能表征企业对新技术的研发投入意愿以及向绿色转型的意愿。遵循利润导向原则,拥有较多非沉淀性冗余资源的部分企业,可能更看重企业现金流和货币资产储备,以对抗经营风险。在双积分政策出台期间,新能源汽车的基础设施尚不完备,政府补贴下的消费者需求仍具有较大不确定性,且技术研发的前期投入巨大,许多车企都面临着亏损问题。而传统燃油汽车的技术体系较为成熟,市场需求正处于盈利的黄金周期。实证检验的结果证明,拥有更多非沉淀型冗余资源的企业,即经营状况较好的乘用车制造企业,双积分政策推动其绿色

转型的效果反而更弱,企业对营利性更强的传统业务具有更强的依赖性。

表3-6　非沉淀性冗余资源调节作用检验的回归结果

变量	(1)	(2)	(3)
	GTI Scale	GBT Scale	GBT Ratio
DID	−0.161	1.576***	0.128***
	(0.241)	(0.441)	(0.022)
Unabsorbed Slack Resource	−0.243	0.307	0.097**
	(0.194)	(0.326)	(0.042)
Interact	0.158	0.553	−0.107**
	(0.211)	(0.798)	(0.054)
Debt Assert Ratio	0.067	4.936**	−0.002
	(0.634)	(1.722)	(0.155)
Per Capita Income	0.239	−0.579	0.082*
	(0.173)	(0.731)	(0.042)
Subsidy	0.136	−0.212	0.035
	(0.247)	(0.322)	(0.061)
Preferential Taxation	−0.944	−1.691	0.562***
	(0.665)	(2.631)	(0.169)
常数项	−0.057	2.424	−0.351*
	(0.890)	(3.682)	(0.192)
R^2	0.818	0.541	0.422
时间固定效应	是	是	是
个体固定效应	是	是	是

当前,企业迎合国家实施的产业政策,新能源汽车产业快速发展,但政策驱动的新能源汽车市场未必能够实现可持续发展。政府应逐步引导新能源汽车产业从政策驱动向市场驱动过渡,缓解企业迎合政策的同时面临的生存压力,促进产业健康发展。此外,非沉淀性冗余资源的系数显著为正表明,在非沉淀性冗余资源较少时,双积分政策对企业绿色转型的影响较为明显,但随着非沉淀性冗余资源的增多,政策对企业绿色转型的作用会逐渐降低。

2) 沉淀性冗余资源

根据表3-7针对沉淀性冗余资源调节作用的回归结果,绿色创新投入比重的交互项系数均未呈现显著状态,表明沉淀性冗余资源并未对双积分政策推动企业技术创新产生明显的调节作用。原因在于,沉淀性冗余资源往往是人力资源和闲置的生产设备等,较多被用于特定用途,是难以被重置、流动性较弱的资源,用途变更的灵活性不足。面对双积分政策实施下快速变迁的外部环境与技术迭代,乘用车企业用于传统汽车生产的沉淀性冗余资源越多,转型生产新能源汽车的沉没成本越高,管理者转变经营思路、转型新旧业务的难度越大。并且,在双积分政策影响框架中,沉淀性冗余资源并不是影响企业绿色技术创新和绿色转型决策的关键。政策执行初期相对宽松,企业必须保持积分非负,在短期内选择绿色转型的决策并不受其沉淀性冗余资源的约束。

表 3-7 沉淀性冗余资源调节作用检验的回归结果

变量	(1)	(2)	(3)
	GTI Scale	GBT Scale	GBT Ratio
DID	−0.032	1.526***	0.144***
	(0.176)	(0.394)	(0.023)
Absorbed Slack Resource	−3.293**	−0.952	0.219
	(1.604)	(2.440)	(0.368)
Interact	0.043	−13.350	0.182
	(2.894)	(10.810)	(0.786)
Debt Assert Ratio	−0.007	2.368	−0.030
	(0.660)	(2.179)	(0.171)
Per Capita Income	0.197	−0.166	0.106**
	(0.169)	(1.017)	(0.043)
Subsidy	0.137	−0.377	0.017
	(0.242)	(0.300)	(0.063)
Preferential Taxation	−1.008	−1.442	0.592***
	(0.647)	(2.688)	(0.175)
常数项	0.115	2.681	−0.354*
	(0.863)	(4.226)	(0.208)
R^2	0.683	0.547	0.384
时间固定效应	是	是	是
个体固定效应	是	是	是

促进汽车产业节能减排、绿色发展是双积分政策的主旨,基于双重差分

模型的实证研究表明,国内乘用车企业普遍采取增产新能源汽车的绿色转型方式,应对双积分失衡的政策压力,但许多企业并未真正调整其依赖传统燃油汽车的业务重心。更值得关注的是,乘用车企业没有明显增加绿色技术的研发投入,这将对汽车产业的可持续健康绿色发展造成隐患。对此,2021年实施的双积分政策修订版中,引入低油耗乘用车概念,对生产低油耗车型的企业在核算新能源汽车积分达标值时,给予产量核算优惠,新增条款对乘用车企业的技术创新积极性具有激励作用。同时,修订政策逐年提升新能源汽车的积分比例要求,有助于进一步推动乘用车企业的绿色产能重心转型。本章研究结论佐证了上述修订思路的正确性。

但是需注意到,部分车企在发展新能源汽车、压缩传统燃油汽车业务的过程中,每股收益、净资产收益率等财务指标呈现连续下降迹象,该现象是阻碍乘用车企业向新能源汽车转型,导致企业依赖传统燃油汽车业务的主要因素之一。对此,建议政府关注汽车企业的绿色技术创新支出,挂钩企业的双积分政策执行绩效,适度增加围绕汽车核心技术领域的研发项目资助与技术改造补助,适度加强研发费用加计扣除等面向研发环节的税收优惠政策,鼓励企业持续研发突破。此外,政府在逐步提升双积分政策强度的同时,应注重需求侧政策体系的设计与完善,为企业绿色转型提供市场环境,贯通汽车产品从生产到销售的生命周期,形成供给创造需求、需求牵引供给的汽车产业动态平衡。

车企作为施政对象和决策主体,应充分平衡经营现状与积分状况,制定适合的短期业务布局与长期研发创新策略。因积分不合规导致经营压力的企业,应选择短期业务调整,加快新能源车型投放,通过提升产量协调积分比例,减轻政策带来的压力;经营状况良好,但主营业务偏向传统燃油汽车的企业,可以积极迎合力度逐年加大的双积分政策,加快研发或引进节能技术,兼顾绿色发展理念,推动新能源汽车布局,形成良性的可持续绿色发展趋势;冗余资源较多的企业可以着眼于研发创新的长期效益,降低内部对旧业务的依赖,破除管理者对短期收益策略的决策陷阱,进行探索式创新,形成未来新能源汽车市场的竞争优势。

3.6　本章小结

通过构建双重差分模型,本章实证研究了双积分政策对乘用车企业绿色发展的影响,得出以下结论。第一,双积分政策对推动企业向新能源汽车绿色转型的策略存在显著的正向作用,而对绿色技术创新策略无明显影响。短期内,乘用车企业普遍采取扩大新能源汽车生产规模的方式,应对平均燃料消耗量积分缺口和新能源汽车积分赤字。第二,股权性质对国有企业增加技术创新规模与扩大新能源汽车绿色转型规模具有显著的正向调节作用,但未对其经营重心产生影响。股权性质对双积分政策推动民营企业的绿色技术创新无明显调节作用,对扩大其绿色转型规模具有明显的正向调节作用。第三,通过区分企业不同类型冗余资源的差异发现,非沉淀性冗余资源对双积分政策推动企业绿色转型存在负向调节作用,表明经营状况较好的乘用车制造企业对营利性更强的传统业务具有依赖性,业务转型的效果不佳,而沉淀性冗余资源对双积分政策推动企业绿色技术创新具有负向的调节作用,对企业的绿色转型没有明显影响。

第4章

叠加需求刺激的双积分政策效果

　　现有研究普遍认为双积分政策会对新能源汽车产业的扩张产生重要影响，但现有研究较多侧重企业两种汽车的产量优化与利润最大化，而市场需求因素未被充分考虑，仅部分研究考虑了消费者偏好，这导致所构建的模型中企业的生产决策缺乏准确的约束条件。而企业行为是以市场为导向的，企业运营是基于消费者需求不断调整生产决策的过程，现有研究同样无法准确呈现企业在双积分政策影响下如何响应需求，并协调两种技术产量的过程。尤其是市场需求出现与双积分政策目的相矛盾的情况时，例如，当新能源汽车需求呈现疲软或下行趋势，若企业新能源汽车扩产意愿变得消极，是否会影响双积分政策的效果？而若企业只能大幅减产传统燃油汽车，是否会出现政策对产业的干预过度？

　　现实中，自2014年起实施的新能源汽车推广补贴政策，政府在公布补贴将逐渐退坡最终取消后，又决定延长两年。那么，配套实施新能源汽车需求刺激政策，是否会影响双积分政策的实施效果？新能源汽车补贴逐渐退坡会产生怎样的影响？当前传统燃油汽车销量从快速增长、增速下滑到逐渐下降，是否会影响双积分与需求刺激政策组合实施的效果？这些问题对深入认识此类双积分政策的内在机理至关重要，对帮助政府从产业发展目的出发做好政策设计具有现实价值。本章将重点研究考虑需求因素时双积分政策的作用机理，研究企业的决策行为与不同市场情境下的政策效果。

　　本章将在政策机制分析的基础上，运用系统动力学方法进行建模，并设计模型变量间的函数关系。通过分析双积分政策重点施政对象的特征，设定模型参数,在多种情景设计的基础上,仿真分析刺激政策推动下市场需求因素变化带来的影响。

4.1　双积分政策影响的因果回路

双积分政策中的积分是指平均燃料消耗量积分和新能源汽车积分,该政策框架主要包括三个核心机制:①两项积分的计算规则;②平均燃料消耗量正积分的结转与关联企业间转让;③新能源汽车正积分的交易抵偿。每年度,若两项积分的负值不能抵偿归零,乘用车企业将面临新产品不予核发强制性产品认证证书或其他处罚。而抵偿归零后,企业仍有新能源汽车正积分富余的,可出售转让给新能源汽车正积分不足的企业。

双积分的核算是政策的核心机制,两者均设计了目标值与实际值相减的方式。不同之处在于,仅当企业的平均燃料消耗量实际值低于政府设定的目标值,平均燃料消耗量积分才为正值,且实际值越低积分数值越高。新能源汽车积分的目标值则与传统燃油汽车产量相关,是其与政府要求积分比例的乘积,实际值是新能源汽车产量与车型单位积分的乘积,实际值与目标值相减得到新能源汽车积分,这意味着传统燃油汽车产量越高,积分为正的难度越大。具体计算规则如表 4-1 所示。

表 4-1　平均燃料消耗量积分与新能源汽车积分计算规则

公式序号	关键函数表达式与释义	变量描述
1	平均燃料消耗量实际值 $$A_{CAFC} = \dfrac{CAFC \times P_{TEV}}{P_{TEV} + W \times P_{NEV}}$$	A_{CAFC}——平均燃料消耗量实际值 $CAFC$——传统燃油汽车燃料消耗量平均值 P_{TEV}——传统燃油汽车年度产量 P_{NEV}——新能源汽车年度产量 W——新能源汽车产量倍数(政策控制)
2	平均燃料消耗量积分 $$\text{Credit-TEV} = (T_{CAFC} - A_{CAFC}) \times P_{TEV}$$	Credit-TEV——平均燃料消耗量积分 T_{CAFC}——平均燃料消耗量目标值(政策控制)

公式序号	关键函数表达式与释义	变量描述
3	新能源汽车积分 $\text{Credit-NEV} = P_{\text{NEV}} \times U - P_{\text{TEV}} \times R$	Credit-NEV——新能源汽车积分 R——新能源汽车积分比例要求(政策控制) U——新能源汽车单位车型积分(政策控制)

根据计算公式可发现,双积分核算由两项技术的性能与产量两个因素决定,技术性能主要取决于汽车企业的研发活动,产量则由企业的业务运营策略决定,两方面的决策调整又会作用于下一周期政策的迭代施政效果,形成政策与企业间反馈循环的影响关系。系统动力学(system dynamics, SD)是一种适用于认识、分析动态复杂系统和反馈关系的跨学科研究方法,通过设计稳定的信息反馈结构,描述、分析时变系统的行为,进而探讨策略效果及优化。以同时运营两种汽车的企业为研究对象、双积分政策框架为系统边界,通过框架内变量间关系与回路的分析,下文将在系统动力学建模基础上探索双积分型政策的机理与效果。

现有产业政策多围绕研发和需求两端,较少直接作用在新能源汽车创新价值链的产业环节。与此对应,现有研究较多围绕产业创新政策体系的完善、创新政策工具的梳理与分类,针对政策如何影响企业新技术的研发、管理与运营等微观层面的研究相对缺乏。双积分政策同时作用于企业传统燃油汽车和新能源汽车两项业务,设定与研发挂钩的燃料消耗量、续航里程指标,结合产量构成积分重要计算因素,是直接影响企业新旧技术管理与运营的一种新型政策。

系统动力学理论认为,内部结构及各组成间的反馈机制是系统行为模式的决定因素。唐金环等(2021)分析提出,双积分政策下,汽车企业的生产决策同时受供给侧政策和需求侧市场的协同作用,因此分析政府、企业与市场三个重要主体及其关键变量的因果回路关系,是系统动力学建模的基础。考虑到双积分政策的外部因素特点,企业与市场两主体之间有着更为紧密的响应关系。由于消费者对传统燃油汽车和新能源汽车偏好属性与购买决策的不同(Shao et al.,2017;Carley et al.,2019),程永伟和穆东(2018)认为两种汽车的需求波动具有较强的独立性,因此,在各自市场需求的推动下,汽车企业主要通过产能和产能利用率调节两种汽车的产量(Li et al.,2018),如图4-1中黑色实线箭头的回路所示。其中,研发投入因素决定车辆的各项性能指标(李旭、熊勇清,2021),显著影响消费者偏好,在企业与市场的反馈影响关系中发挥着重要的作用。

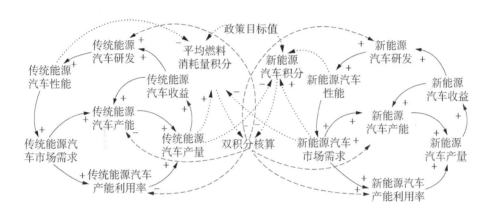

图4-1　双积分政策因果回路图

在上述两个企业与市场的回路基础上,双积分政策通过平均燃料消耗量与新能源汽车两项积分的核算及其背后的惩罚机制施加影响,构成复杂的双业务联合决策(于晓辉等,2021;唐金环等,2020),如图4-1中点虚线箭头所示。除政府设定的目标值参数外,双积分核算主要取决于技术性能指标与相应汽车产量的乘积,性能指标决定积分的正负值,而产量具有放大积分数值的作用(程永伟、穆东,2018)。其中,传统燃油汽车的性能体现为燃料消耗量实际值,新能源汽车的性能表现为考虑车辆参数下的续航里程,均由企业的研发活动决定。同时,关于双积分政策的现有研究均认为,双积分的核算结果会影响企业的运营决策与研发投入(张奇等,2020;Li et al.,2018),如图4-1中短虚线箭头所示。

4.2　系统动力学模型与函数关系

　　基于双积分政策影响企业运营的因果回路分析,图 4-2 建立了系统动力学模型。该模型由四类变量,即存量、速率变量、辅助变量和常量组成,包括 6 个存量、10 个速率变量、16 个辅助变量以及 7 个常量。常量中,平均燃料消耗量达标值、新能源汽车单位积分、产量倍数、积分比例要求为政府调控的双积分政策参数。

　　函数是模型变量间关系的表示,尤其是双积分政策如何影响企业产能和产量调整,是建模的关键。碳排放限额与交易作为类似双积分政策的一种约束性政策机制,Du 等(2016)研究该机制下的企业决策行为发现,相比碳排放配额交易,企业倾向于优先响应消费者的偏好。此外,Zhang 和 Xu (2013)研究认为,碳排放配额机制会促使企业做出减排的生产决策。碳排放限额交易与双积分政策具有相似的内在政策逻辑,后者同样提供了新能源汽车积分的外部交易机制,企业在新能源汽车正积分不足时,可通过交易实现抵偿归零。

　　基于以上描述,针对研究对象、系统边界、运营机制和政策影响,本模型做以下基本假设。

　　假设 1:本章考虑一家同时经营传统燃油汽车和新能源汽车的境内乘用车生产企业,作为系统动力学建模对象。根据《2020 年度中国乘用车企业平均燃料消耗量与新能源汽车积分核算情况表》,此类型企业占比超过 60%,包括总产量居前 20 的所有乘用车生产企业。

　　假设 2:企业研发创新是一种持续而非短期的行为,研发投入的不确定性与学习曲线的非线性特征,会对市场需求因素的作用分析产生干扰,本模型不考虑企业的研发投入策略。

　　假设 3:企业优先响应市场需求变化,在不同市场情况下,传统能源与新能源汽车的运营机制,即产能与产能利用率的调整值如表 4-2 所示。

　　假设 4:受双积分政策影响,企业优先考虑增产新能源汽车,根据积分状况适量超额增产,其次选择减产传统燃油汽车。若双积分无法抵偿归零,企

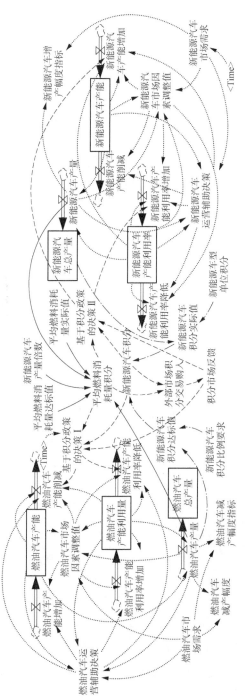

图 4-2　双积分政策影响企业运营的系统动力学模型

业需交易购入新能源汽车正积分,根据双积分政策执行的严格程度,企业会相应调整新能源汽车增产、传统燃油汽车减产的幅度。

表 4-2　乘用车生产企业响应市场需求决策机制分析

市场情况		决策机制	市场因素调整值
市场需求 ≥产量	需求增幅< 1－利用率	提高产能利用率	(需求－产量)÷产能
	需求增幅≥ 1－利用率	提高产能利用率 增加产能	产能利用率提升至100% 产能增幅: (需求－产能)÷产能
市场需求 <产量	利用率< 阈值	—	降低产能	产能－需求÷利用率
	利用率> 阈值	需求减幅< 利用率－阈值	降低产能利用率	(产量－需求)÷产能
		需求减幅≥ 利用率－阈值	降低产能利用率 削减产能	产能利用率降低至阈值 产能减幅: 产能－需求÷利用率

4.3　案例选择

根据《乘用车燃料消耗量评价方法及指标》(GB27999—2014)的规定,平均燃料消耗量达标值将逐年趋于严格,对此依据《2020年度中国乘用车企业平均燃料消耗量与新能源汽车积分情况》的数据,将平均燃料消耗量达标值从目标值的128%逐步收缩至100%,得到117家境内乘用车生产企业的双积分数据。在按照正负划分的四种象限中,45家位于双积分均为正值的象限,位于正负、负正和负负象限的数量分别为1、23和48家,其中乘用车总产量排名前10的企业中有8家积分位于双负数的象限。若政策调控趋紧,将有更多的企业进入积分为负的象限。

现实中乘用车企业间的产能、产量和汽车性能等具有复杂差异性,为呈现不同双积分象限企业的参数特征本质差别,表4-3设计了分布在四个象限的5家案例企业,其中平均燃料消耗量积分为负、新能源汽车积分为正的象限选取了 C 和 D 两家, C 的新能源汽车正积分可足额抵扣, 而 D 不能。多数乘用车企业偏向成熟的传统燃油汽车制造, 这是普遍现状, 可从表 4-3 所列的参数得到反映。而在传统燃油汽车产量相同的情况下, 企业双积分的差异主要来源于新能源汽车产量的不同, 产量少导致新能源汽车积分为负。

表 4-3　基于积分象限设计的案例企业

参数	案例企业 A	案例企业 B	案例企业 C	案例企业 D	案例企业 E
平均燃料消耗量积分(万)	1.8	9.6	−7.4	−26.9	−37.2
新能源汽车积分(万)	15.2	−4.8	11.2	3.2	−0.8
传统燃油汽车产能(万辆)	60	60	60	60	60
传统燃油汽车年度产量(万辆)	48	48	48	48	48
平均燃料消耗量目标值(L/100 km)	5	5	5	5	5
传统燃油汽车燃料消耗量(L/100 km)	6	4.8	6	6	6
新能源汽车产能(万辆)	10	10	10	10	10
新能源汽车年度产量(万辆)	5	0	4	2	1
新能源汽车积分比例要求			10%		
新能源汽车单位车型积分			4		

注: 按照平均燃料消耗量积分达标值为目标值测算取整, 且不考虑集团化因素。

企业应对双积分政策而作出的运营调整, 是基于对两项积分正负值现状的认识及其变化预测, 即政策对企业的影响因其两项积分的正负值关系而存在差异。双积分政策规定, 仅新能源汽车正积分可抵扣平均燃料消耗量负积分, 不可反向抵扣, 可见两项积分均为负值的乘用车企业将承受最大的调整压力, 是当前国内占比最高的一类乘用车企业, 也是主要的施政对象。因此, 本章选取表 4-3 中的企业 E 作为典型案例展开讨论。

4.4 系统动力学仿真与分析

以年为步长,仿真周期 60 个时间单位,初始时间为 0,采用 Vensim PLE 软件对所构建的系统动力学模型进行仿真。在运用被模拟企业对象的产能、产量现实数据的基础上,通过在合理范围内改变产能利用率等存量初始值、研发投入基础系数等常量取值,以及汽车总产量与单位盈亏间函数关系的灵敏度测试,汽车产能、平均燃料消耗量积分等关键变量的行为趋势呈现一致,表明本章所构建的模型具有真实性,仿真结果具有意义。

4.4.1 新能源汽车需求端刺激政策

在模拟的初始情景中,假定传统燃油汽车市场需求(D_{TEV})维持固定不变,取值 48 万辆/年,新能源汽车市场需求(D_{NEV})总体呈随时间推移而上升的态势,如式(4-1)所示,式中 c_d 为需求变化参数。同时,围绕"新能源汽车市场需求"因素,设定如下四种差异化情景。情景设计的思路在于分析需求端刺激政策,以及不同政策程度对汽车企业增产新能源汽车、减产传统燃油汽车的影响。

$$D_{\text{NEV}} = 1 + c_d \times T^{\frac{1}{2}}, \ T = 1, 2, \cdots, T_{\text{max}} \qquad (4-1)$$

情景 1:无刺激政策,新能源汽车需求缓慢增长,c_d 取 0.5,企业不计划超需求增产新能源汽车。

情景 2:无刺激政策,新能源汽车需求缓慢增长,c_d 取 0.5,企业计划超需求增产新能源汽车。

情景 3:刺激政策,新能源汽车需求较快速增长,c_d 取 1.5,企业计划超需求增产新能源汽车。

情景 4:大力刺激政策,新能源汽车需求快速增长,c_d 取 2.5,企业计划超需求增产新能源汽车。

在情景 1 中,企业不计划超需求增产新能源汽车,原因在于当市场需求长期呈现疲软态势时,汽车企业不倾向于超额制造汽车,以规避过高的销售风险。虽然超额的新能源汽车能产生正积分,但多余的产品将产生库存费用,在未来无法出售的预期下,生产成本也将无法收回。在需求端刺激政策实施时,需求增长更为显著,将利于企业做出超需求增产新能源汽车的决策。

在以上模型参数设定基础上,运行模型得到关键指标数据,如图 4-3 所示。通过比对四种差异化情景中的新能源汽车产量曲线可以发现,实施新能源汽车需求端的刺激政策,会显著激励企业增产新能源汽车,并在市场向好的情况下以一定比例超需求增产,同时企业需要通过交易购入新能源汽车正积分的数量大幅下降。但新能源汽车增产幅度指标曲线显示,从情景 2 到情景 4,随着需求端刺激政策程度的增加,企业超额增产的幅度有所收窄,年均超需求增产率从 16.8% 逐渐降至 13.8%、11.4%。原因在于被模拟企业需要从积分交易市场购入的新能源汽车正积分数量减少,导致企业超额增产新能源汽车的动力减弱,可见需求刺激对企业激进的扩产决策存在弱化效应。

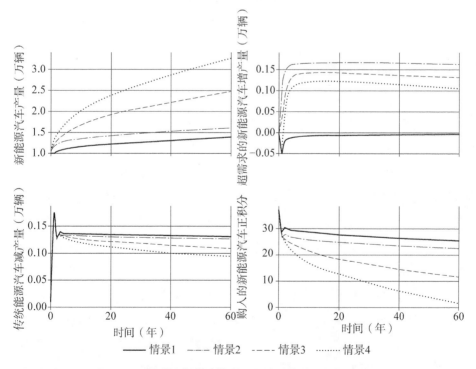

图 4-3　需求端刺激政策对双积分政策效果的影响分析

对比图4-3的四组曲线可以发现,新能源汽车需求端的刺激政策会在双积分政策体系下连带影响传统燃油汽车的运营。由于现有的政策机制设计,双积分的核算对新能源汽车的产量变动更为敏感,随着从情景2到情景4需求刺激的加码,新能源汽车的产量逐步增加,被模拟企业需要从积分交易市场购入的新能源汽车正积分数量大幅减少。这使得企业减产传统燃油汽车的意愿呈下降趋势,年均减产率从13.0%下降至10.9%。

4.4.2 新能源汽车需求端刺激政策的挤出效应

一方面,新能源汽车需求端刺激政策的实施,会推动企业增产新能源汽车,降低其超额增产带来的市场风险;另一方面,在双积分政策扶持新产业发展的功能被强化的同时,企业可能会做出收缩传统燃油汽车减产规模,甚至不减产的决策,这是否会弱化双积分政策限制传统高能耗、高污染产业过热发展的政策功能?对此,围绕"新能源汽车需求端刺激政策力度"与"传统燃油汽车运营受积分交易情况反馈"两个维度,设定如下两种差异化情景。情景设计的思路在于探讨若新能源汽车需求大幅增长,企业收缩传统燃油汽车的减产规模是否会影响双积分政策的效果。

情景1:无刺激政策,新能源汽车需求缓慢增长,传统燃油汽车运营受积分交易反馈影响。

情景2:刺激政策,新能源汽车需求快速增长,传统燃油汽车运营不受积分交易反馈影响。

仿真模拟以上两种情景,结果如图4-4所示,由于配套实施新能源汽车需求端的刺激政策,企业的新能源汽车产量增幅明显。在年均需求量提高29.3%的情况下,情景2的平均年产量相比情景1提高了27.1%,而超额增产的风险下降,年均超需求增产率降低了2.2%。同时,由于企业预计自身对交易购入新能源汽车正积分的迫切性有所改善,在决定传统燃油汽车减产决策不受积分交易反馈影响的情况下,情景2中的传统燃油汽车产量高于情景1,前者仿真周期内平均年产量43.6万辆,后者为42.3万辆。整个仿真周期内两者的产量差额达到81.3万辆。此外,在上述新能源汽车增产、传统燃油汽车减产的决策下,如图4-4所示,企业从二级市场交易购入的新能源汽车正积分反而变少,即企业有足够的理由支持其收缩传统燃油汽车减产程度的决策。

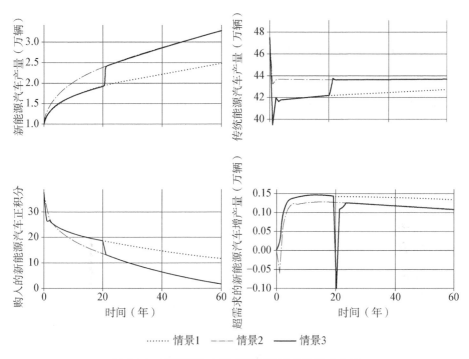

……… 情景1 ——— 情景2 ——— 情景3

图 4-4 新能源汽车需求端刺激政策的影响分析

　　基于以上分析可以发现,过早实施新能源汽车的需求刺激政策,将导致企业不愿积极减产污染和能耗更大的传统燃油汽车。对此,本章进一步优化设计了阶段性刺激政策的情景 3,即新能源汽车需求在特定模拟时间点前先缓慢增长,传统燃油汽车运营受积分交易反馈影响,此后经实施需求刺激政策而快速增长,传统燃油汽车运营不受积分交易反馈影响,模拟时将该时间点设定为 20。如图 4-4 中情景 3 的曲线所示,无刺激政策的第一阶段,新能源汽车和传统燃油汽车的产量均受抑制,前者因需求不足导致企业不敢过度承担超额增产的风险,后者则由于企业感受到双积分核算压力,而不得不做出减产的决定。随着刺激政策的实施,两者的产量均有上升,而交易购入新能源汽车正积分的压力有所缓解。可见,叠加新能源汽车需求刺激政策,会挤出双积分政策限制旧产业发展的政策功能,若要实现政策效果,需进一步配合双积分政策的优化设计。

4.4.3 传统燃油汽车市场需求变化的影响

通过以上的模拟分析发现,在双积分政策的影响框架下,新能源汽车需求端的刺激政策会激励企业增产新能源汽车,即能够强化双积分政策的新产业推动功能。与此同时,随着双积分状况的转好,此类需求端刺激对企业新能源汽车扩产与传统燃油汽车减产决策的推动作用,均存在政策效应逐渐弱化的迹象,即会弱化双积分政策对成熟旧产业的限制功能。与新能源汽车需求端相对应,因排放标准趋严、城市设定限购指标等原因,传统燃油汽车的市场需求存在很大的不确定性,在国内传统燃油汽车销量增速下滑乃至近年下降的态势下,特斯拉与蔚来、理想等互联网造车新势力正在不断冲击传统汽车厂商间的竞争格局。那么,传统燃油汽车需求端的变化是否会对上述作用关系产生影响,本章设定了需求下降、平稳和上升三种情景做对比研究,结果如表4-4所示。

表4-4 传统燃油汽车市场变化下的新能源汽车需求刺激政策分析

情景对比		NEV年均产量(万辆)	NEV产量年均增长率(%)	NEV年均超额增产幅度(%)	TEV年均产量(万辆)	TEV产量年均下降率(%)	NEV年均积分交易购入
情景1: TEV需求下降	无刺激政策	1.25	0.55	0	37.4	12.6	22.8
	刺激政策	2.01	1.52	12.7	38.0	11.0	12.9
	大力刺激政策	2.51	2.02	9.1	38.8	9.1	7.4
情景2: TEV需求平稳	无刺激政策	1.25	0.55	0	41.5	13.5	27.3
	刺激政策	2.03	1.54	13.8	42.3	12.0	17.1
	大力刺激政策	2.57	2.04	11.4	42.8	10.9	10.2
情景3: TEV需求上升	无刺激政策	1.25	0.55	0	45.6	14.3	31.8
	刺激政策	2.05	1.57	14.9	46.4	12.8	21.3
	大力刺激政策	2.60	2.07	12.4	47.0	11.7	14.4

注:表中 NEV 表示新能源汽车,TEV 表示传统燃油汽车。

根据表4-4的数据可发现,采取同样程度的新能源汽车需求端刺激政策,在新能源汽车年均产量和产量年均增长率两个指标上,传统燃油汽车需求上升的情景3均优于需求平稳的情景2和需求下降的情景1,虽然差别的幅度十分有限。在模拟结束时间点,情景3的新能源汽车产量同样最高,分别高出2.7%和4.7%。影响程度差别较小的主要原因在于传统燃油汽车需求端的变化,通过决定传统燃油汽车产量,再经平均燃料消耗量积分与新能源汽车积分的核算机制,进而产生作用。若核算后企业对新能源汽车正积分的交易需求上升,则将推动其对新能源汽车产量的增产决策,可见两者虽有影响但作用路径较长。

数据显示,当传统燃油汽车的需求量较大时,企业的新能源汽车超需求增产幅度更大,即企业在满足传统燃油汽车市场需求的同时,须承担更高的新能源汽车超额生产的销售风险,以达到双积分平衡。当前,特斯拉不断采取降低售价的策略,蔚来、理想和小鹏等头部造车新势力的销量同样连续攀升,国内乘用车生产企业的传统燃油汽车需求正面临下降。在此情景下,新能源汽车的年均超额增产幅度回落更多,即新能源汽车需求端刺激政策对企业新能源汽车扩产的逐渐弱化效应更为明显。那么,这种影响关系是否与传统燃油汽车需求的上升或下降趋势有关,还是仅与需求的大小程度相关?对此,我们将传统燃油汽车需求分别取固定值42.8万辆和53.2万辆,分别为情景1和3的年平均需求量。运行模型后得到的新能源汽车年均超额增产数据与前述情景基本一致,可见上述影响关系主要取决于需求的数值大小。

根据仿真分析的结果,当双积分政策叠加新能源汽车需求刺激政策时,会挤出前者限制旧产业发展的政策功能。表4-4的数据进一步显示,当传统燃油汽车需求较小时,随着新能源汽车需求刺激政策的加码,这种挤出效应更为明显,即企业收缩传统燃油汽车减产规模的幅度更大。若要削弱这种挤出效应,建议政府调节双积分政策的强度,通过双积分核算的压力,导致二级市场可供交易的新能源汽车正积分变得稀缺,给予企业更多的政策信号。

4.5 本章小结

在制定政策推动新技术、新产业发展方面,国家已经推行的产业政策较多围绕研发和需求两端,而双积分政策是直接影响企业新旧两种技术管理与运营的一种新型政策,直接作用于汽车制造创新价值链的产业环节,同时这也是一种设计机制复杂、目标多样且受干扰因素众多的政策。围绕双积分政策的现有研究角度各异,但市场需求因素尚未被充分考虑,尤其是双积分政策是否需要配套实施新能源汽车需求端刺激政策,组合政策施行的效果与影响如何,目前仍缺乏理论研究依据。在双积分政策解读与框架分析的基础上,通过分析政策与企业运营间的因果回路关系,本章构建了双积分政策影响企业运营的系统动力学模型。

以双积分政策主要施政对象为典型案例,本章深入探讨了在双积分政策框架下叠加新能源汽车需求刺激政策的情况,以及传统燃油汽车市场变动带来的影响。研究结果显示:

(1)实施新能源汽车需求端的刺激政策,会显著激励企业增产新能源汽车,随着力度加强,刺激政策促进企业超额增产新能源汽车的动力会减弱,即双积分政策框架下的需求刺激对企业的新能源汽车扩产决策存在逐渐弱化的效应。

(2)新能源汽车需求端刺激政策的实施,使双积分政策扶持新产业发展的功能被强化的同时,会挤出双积分政策限制旧产业发展的政策功能,即企业减产传统燃油汽车的意愿会减弱。

(3)在传统燃油汽车需求较大时,组合推行新能源汽车需求端刺激政策,对新能源汽车产业的推动作用更强。而当传统燃油汽车需求较小时,新能源汽车需求刺激政策力度越大,企业收缩传统燃油汽车减产规模的幅度越大,挤出效应更为明显。但总体上,传统燃油汽车需求变化影响企业新能源汽车运营决策的程度较弱。

产业政策的设计、施行与调整,必须要与政策预期达到的目标相结合。现有研究普遍认为双积分政策将有效推动新能源汽车产业的发展,通过本章的分析讨论可以发现,单一实行双积分政策,对偏重传统燃油汽车而忽视新能源汽车的乘用车企业,即新旧技术产量配置失衡的企业,将带来极大的经营影响。传统汽车工业所涉及的产业体系庞大,大幅减产传统燃油汽车必将严重影响短期的经济,并波及劳动就业市场的稳定。同时施行新能源汽车需求端刺激政策,将强化双积分政策推动新能源汽车产业发展的重要功能,但限制成熟的传统燃油汽车产业的功能会被削弱。在传统燃油汽车市场需求较旺盛时期,这种组合政策是更为有效地推进产业转型升级的策略,也是更适合新旧动能转换时期稳固经济的做法。作为补充,建议政府兼顾所处的经济周期和预期达到的政策目的,来调整完善政策设计。例如,若政府致力于淘汰过剩的传统燃油汽车产能,推动新旧技术产能配置健康的大车企,以整合偏重传统燃油汽车的小型乘用车企业,那么严格执行双积分政策是有效的举措,同时在行业整合见成效的阶段,建议适时推出新能源汽车需求刺激政策。随着传统燃油汽车产量的下降,建议逐步加强双积分政策的力度,例如,提高新能源汽车积分比例要求,从而抑制新能源汽车需求刺激政策带来的挤出效应。

第5章

双积分政策下企业适应性决策行为分析

双积分政策中的积分是指平均燃料消耗量(CAFC)积分和新能源汽车(NEV)积分。双积分型产业政策框架主要包括 3 个核心机制：①平均燃料消耗量积分与新能源汽车积分的两套核算规则；②平均燃料消耗量正积分的结转与关联企业间转让；③新能源汽车正积分的交易抵偿，每年度内若两项积分的负值不能抵偿归零，将面临新产品不予核发强制性产品认证证书或其他处罚。双积分政策中，CAFC 积分是针对传统燃油汽车实施的，它是汽车企业平均燃料消耗量的达标值和实际值之间的差额，实际值要比达标值低才会产生正积分，否则会产生负积分。其中，CAFC 中的正积分可以结转或者转让给关联企业，负积分可通过上年度结转、本企业 NEV 正积分、关联企业转让三种途径进行抵消。NEV 积分是针对新能源汽车实施的，它是汽车企业新能源汽车积分实际值与达标值之间的差额，实际值要比达标值高才会产生正积分，否则会产生负积分。其中，NEV 正积分具有抵偿本企业的 CAFC 负积分和积分市场自由交易两种用途，NEV 负积分可以通过在积分市场上进行购买 NEV 正积分或者使用上一年结余的正积分进行抵偿。

在双积分政策影响下，如何应对产业政策的施行与政策指标变动，随产业环境变化优化自身决策，对企业的生存发展至关重要。系统动力学是一种适用于认识、分析动态复杂系统的跨学科研究方法，通过设计稳定的信息反馈结构，描述、分析时变系统的行为，进而探讨策略效果及优化。本章以典型的汽车制造企业为研究对象，双积分型产业政策框架为系统边界，通过框架内变量间关系与回路的分析，在系统动力学建模基础上，探索双积分政策下企业的适应性决策行为。

5.1　双积分政策影响的因果回路

在双积分政策与企业运营形成的反馈系统中,围绕新旧两种技术性能与产量的内部结构以及反馈机制是系统行为模式的决定因素。企业参与外部市场行为的本质是逐利获益,并通过内部的运营不断强化该目标的实现。如 Du 等(2016)研究碳排放限额与交易机制下的企业决策行为发现,相比碳排放配额交易,企业更倾向于优先响应消费者的偏好。若消费市场保持增长,企业会提高产能利用率,通过适时扩充产能来实现利润最大化,而汽车产销增长会进一步强化企业扩张型的运营决策,除非市场需求出现疲软甚至负增长。此外,如 Zhang 等(2011)和 Zhang 等(2013)研究认为,碳排放配额机制会促使企业作出减排的生产决策,依学者的观点来看,该机制会影响甚至减弱传统能源汽车运营完全正反馈的回路,双积分政策的施行将进一步打破这种内在的强化关系。在平均燃料消耗量实际值普遍高于达标值的情况下,随着传统能源汽车生产量和销售量的增长,平均燃料消耗量积分负值将不断扩大,负值的累积增长将给企业产生或购买新能源汽车正积分造成压力。

概而论之,市场需求的增加会导致运营决策在燃油汽车产能和产能利用率两个方面的提高,会进一步提高燃油汽车产量,带来业务盈利的增加,而业务盈利的增加会进一步强化运营决策形成正反馈回路。燃料消耗量积分会打破传统能源汽车运营完全正反馈的回路,它的加入会弱化运营决策形成负反馈回路,上述要素间的相互关系具体如图 5-1 所示。

双积分政策与碳排放配额机制的显著区别在于,双积分政策更侧重于多方面衡量技术的能耗特性,包括燃油经济性、单位电能的行驶里程等。Moser 等(2018)发现提高能源效率需要持续地研发,运营阶段的短期投入并不能带来显著的能效提高。汽车制造具有冗长庞大的产业链条、结构复杂的零部件体系,研发是运营的关键支撑。一方面,在环境保护力度加大、环境规制趋严的背景下,《轻型汽车污染物排放限值及测量方法(中国第六阶

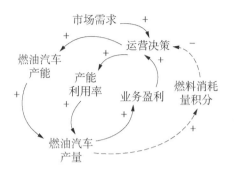

图 5 - 1 技术运营因果关系分析

段)》等政策法规推动着汽车业的密集研发,降低传统汽车的燃料消耗和尾气排放以达到准入标准,提升新能源汽车的续航里程以增强产品的市场竞争力。另一方面,研发投入受限于企业经营的盈利情况,拥有充足资金的企业,更有实力进行研发投入,而营收则与汽车的产销量挂钩。因此认为,汽车企业的生产运营策略通过燃油汽车产量与业务盈利影响其研发投入,同时因双积分政策的实施共同影响其研发投入决策,特别是在积分为负的情况下,企业更需进行技术研发转变目前的积分情况。其中,研发投入的增加,通过技术的学习效应推动汽车燃料消耗量降低、提升新能源汽车的续航里程。

简而言之,研发投入的增加会通过技术的学习效应推动汽车燃料消耗量实际值的降低,它的降低会促进燃料消耗量积分负值的降低,进而推动燃油汽车产量增加,产量的增加会带来业务盈利的提升,从而拥有足够的资金加大研发投入,由此形成正反馈回路。其中,燃料消耗值负积分的降低也会导致研发投入的降低。产业政策影响下传统能源汽车技术研发与管理要素相互影响,形成的反馈关系如图 5 - 2 所示。

传统能源汽车企业的技术运营与研发两个模块中所涉及要素的因果关系如图 5 - 3 所示,新能源汽车与此因果关系类似,两者的差异在于传统能源汽车的燃料消耗量达标值为政策固定值,新能源汽车积分达标值由传统能源汽车产量与新能源汽车积分比例要求的乘积决定,此项设计使得新旧技术存在关联和挤出效应,即传统能源汽车产量的增加将导致新能源汽车达标值上升,对新能源正积分的产生造成压力。

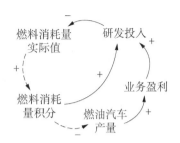

图 5‒2　技术研发因果关系分析

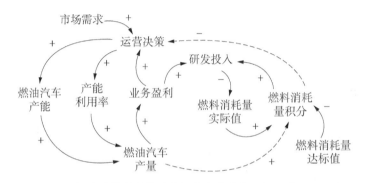

图 5‒3　双积分政策影响传统能源汽车技术管理与运营因果回路图

5.2　双积分政策影响的系统动力学建模

针对共营燃油和新能源汽车两项业务的汽车企业,基于两个模块的因果回路分析,本研究构建了双积分型产业政策影响企业技术管理与运营的系统动力学模型,如图 5‒4 所示。按照系统动力学理论,该模型由四类变量,即存量、速率变量、辅助变量和常量组成,包括 10 个存量、14 个速率变量、22 个辅助变量以及 5 个常量。

5.2.1　关键函数界定

函数用于界定模型变量间的关系。首先考虑基本的市场因素,在市场需求大于当前产量的情况下,若需求增幅低于利用率的提升空间,企业会优先提高产能利用率,调整的幅度取决于需求与产量的差额,若高则会促使企

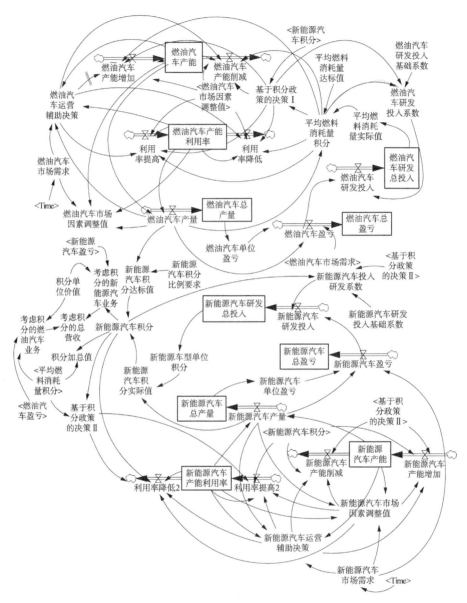

图 5-4　产业政策影响传统能源汽车企业技术管理与运营的系统动力学模型

业在提高利用率至 100% 的同时,增加部分产能。对于需求小于当前产量的情况,设置衡量产能利用率状况的特定阈值(比如 50%),当实际利用率小于阈值时,表明产能冗余严重,降低产能是合理决策。当根据市场需求降幅调整后的产能利用率高于阈值,则仅调整利用率,否则在降低利用率至阈值的同时,会削减部分产能。以传统能源汽车为例,市场情景划分、对应决策机制和调整幅度如表 5 - 1 所示。

其次,双积分型产业政策的作用机制是函数界定的关键。按照政策设计思路,平均燃料消耗量积分与新能源汽车积分存在四种正负值关系。其中,积分为负值时背离节能降耗和发展新能源汽车的政策目标,企业一方面会被迫限制传统能源汽车的业务扩张直至收缩,另一方面则会推动新能源汽车的发展。前者表现为企业会依次选择增加传统能源汽车的研发投入、降低产能利用率和削减产能,后者则是企业会增加新能源汽车的研发投入、提高产能利用率和增加产能。当需求大于产量而积分为负时,基于市场和基于积分的两种决策机制相矛盾。考虑新能源汽车积分比例要求趋严、负积分未抵偿归零将面临行政处罚等原因,产业政策因素会限制甚至阻碍企业作出完全基于市场的决策,而产业政策的影响程度则取决于两种积分的比值,即平均燃料消耗量积分负值越大,企业基于市场情况作出的调整幅度受政策的影响越大,设定积分因素调整值如式(5-1)所示。

$$燃油汽车积分因素调整值 = 1 - \left| \frac{平均燃料消耗量积分}{新能源汽车积分} \right| \times 10\%$$

$$(5-1)$$

在初始情景中,针对积分因素的影响设置上下限值 50% 和 5%,表示产业政策工具在此范围内影响企业基于市场情况作出的运营调整。以传统能源汽车企业为例,积分因素调整值如表 5 - 1 所示。

对于研发投入,当平均燃料消耗量积分大于等于 0 时,模型设定上述双积分型产业政策不对汽车企业的技术研发投入决策产生影响,即保持基础系数不变;当积分小于 0 时,积分绝对值数值越大,对企业传统能源汽车研发投入的推动力越强,而企业对新能源汽车的资源投入则与之相制约。相应的,传统能源汽车研发投入系数的函数表达式如下:

$$燃油汽车研发投入系数 = 基础系数 \times (1 + 燃油汽车积分因素调整值 \times 10\%)$$

$$(5-2)$$

表5-1 市场与政策双因素推动传统能源汽车企业决策机制分析

类别	市场情景		决策机制	市场因素调整值	积分情景	政策影响下的企业决策
传统能源汽车	市场需求≥产量	需求增幅<1-利用率	提高产能利用率	(需求-产量)÷产能	正值	无
					负值	|积分A÷积分B|×10% [5%,50%]
		需求增幅≥1-利用率	提高产能利用率;增加产能	产能利用率100%;产能增幅:(需求-产能)÷产能	正值	无
					负值	|积分A÷积分B|×10% [5%,50%]
	市场需求<产量	利用率<阈值0.5 —	降低产能利用率	(产能-需求)÷利用率	负值	无
					正值	|积分A÷积分B|×10% [5%,50%]
		利用率≥阈值0.5 需求减幅<利用率-阈值	降低产能利用率	(产量-需求)÷产能	负值	无
					正值	|积分A÷积分B|×10% [5%,50%]
		需求减幅≥利用率-阈值	降低产能利用率;削减产能	产能利用率降低至阈值;产能减幅:产能-需求÷利用率	负值	无
					正值	|积分A÷积分B|×10% [5%,50%]

对于传统能源汽车的燃料消耗量,模型中设定该因素主要由研发投入决定,引入单位生产成本随产量增加而逐渐下降的学习效应概念,研发投入的增加将促进汽车燃料消耗量的下降。假定研发总投入相比基础投入每增加 1 倍,燃料消耗量降至此前基础数值的 90%。表达式如下:

$$平均燃料消耗量实际值 = 消耗量基础值 \times$$

$$(燃油汽车研发总投入 \div 基础投入)^{-0.15}$$

$$(5-3)$$

对于新能源汽车,将企业的常规运营决策与积分作用机制同传统能源汽车做相似设定。根据双积分政策的规则,新能源汽车积分达标值为传统能源汽车生产量与新能源汽车积分比例要求的乘积,积分比例要求按规则设定为 10%,积分实际值为新能源汽车各车型产量与车型相应单位积分的乘积。

5.2.2　主要参数设定

存量初始值和常量数值是对研究问题特定情境的一种抽象。近些年,我国民营车企的产销规模和品牌认知程度不断上升,在新能源汽车领域的表现突出。本研究选取具有代表性的吉利汽车作为仿真案例,吉利汽车侧重传统能源汽车业务,能代表国内汽车企业现阶段普遍具有的"平均燃料消耗量积分为负"的特点,而其"新能源汽车积分为正"又符合当前政策初期的宽松特征。

根据《吉利汽车控股有限公司年度报告 2019》,吉利汽车共销售 136 万辆乘用车,其中博越、新帝豪、新远景、帝豪 GS 和远景 SUV 五款车型占总销量的 75%。本研究以此五款车型的数据作为依据,按销量比例计算得到吉利汽车平均燃料消耗量实际值 6.2 和达标值 5.2,单位为 L/100 km。参考历史数据,估定平均燃料消耗量基础值为 8.0,基础投入为 30 亿元,计算设定传统能源汽车研发总投入初始值为 160 亿元。

市场需求是重要的外部环境参数,结合当前国内传统乘用车市场趋于成熟的现状,模型假定被研究对象的传统能源汽车市场需求呈现仿真前期逐渐增长、增长率达到峰值后下滑，并在后期出现负增长的预测趋势，新能源汽车市场的消费者需求则设定为呈现缓慢的线性增长趋势。模型中主要存量的初始值和常数的设定以及依据描述如表 5-2 所示。

表 5-2　案例分析模型主要参数的取值与说明

变量名	变量类型	数值	单位	描述
传统能源汽车产能	存量初始值	150	万辆	根据《吉利汽车控股有限公司年度报告 2019》中"现有生产设施"数据
传统能源汽车产能利用率	存量初始值	90%	—	按照 2019 年度销量 136 万辆，估算产量与 150 万辆产能的比值
传统能源汽车总产量	存量初始值	500	万辆	根据吉利汽车控股有限公司历年销售数据核算
新能源汽车产能	存量初始值	20	万辆	结合相关媒体关于产能的数据估计
新能源汽车产能利用率	存量初始值	15%	—	按照吉利汽车新能源汽车销量数据估算确定
新能源汽车总产量	存量初始值	10	万辆	根据全国乘用车市场信息联席会历年数据核算并估计
新能源汽车积分比例要求	常数	10%、12%	—	根据《乘用车企业平均燃料消耗量与新能源汽车积分并行管理办法》中 2019、2020 年度积分比例要求，以后年度另行公布
新能源汽车车型单位积分	常数	4.4	—	根据《新能源乘用车车型积分计算方法》，帝豪 EV 续航里程 (R) 300 km，$0.012 \times R + 0.8$

5.3　双积分政策影响与企业适应性行为仿真分析

以年为步长，仿真周期 60 个时间单位，初始时间为 0，采用 Vensim PLE 软件对本研究所构建的双积分型产业政策影响企业技术管理与运营系统动力学模型进行仿真。在运用吉利汽车产能与产量现实数据的基础上，通过在合理范围内改变产能利用率等存量初始值、研发投入基础系数等常量取值，以及汽车总产量与单位盈亏等函数关系的灵敏度测试，结果显示在双积分型产业政策的影响下,企业的汽车产能、平均燃料消耗量积分等关键变量的行为趋势较一致,表明本章所构建的模型较为强壮,仿真结果具有意义。

5.3.1　产业政策的影响

双积分型产业政策对乘用车企业的影响,主要集中在产能、产量和研发投入三个方面,通过对模型关键因素间反馈影响关系的进一步分析发现,外部市场需求和研发学习曲线两个因素具有明显的不确定性,施政效果较易受其影响。

考虑国内市场对传统能源汽车的偏好和销量变化走势,设定被模拟企业的传统能源汽车市场需求从 150 万辆/年逐渐增长,增长率从年度大约12%逐渐下降至 0,在模拟后期加速下滑至大约年度−6.5%,需求变化总体上呈现抛物线状。同时,针对传统能源汽车的需求因素设定对比情景,即增长率从年度大约 7%逐渐下降至 0,在模拟后期加速下滑至大约年度−3.5%,两者的图形对比如图 5−5 所示。

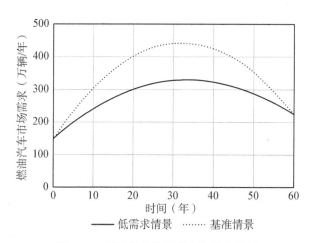

图 5−5　燃油汽车的两种市场需求情景

对于代表旧技术的传统能源汽车,提高技术效能/经济性是延续其存在价值的关键,因此围绕技术指标设定积分的产业政策的影响之一在于推动企业加大旧技术的研发投入。图 5−6 针对传统能源汽车市场需求高低两种情景,分别展示了产业政策实施前后企业的研发投入情况。可见,传统能源汽车市场需求的不同情景会直接影响企业在研发上的当期投入。当产销旺盛、经营情况较好时,企业对于研发资金的投入会更多;当外部市场需求较为一般时,企业对于研发资金的投入则要少很多。而产业政策将在某种程度上推动企业增加研发投入,以消除旧技术的负积分。其中,产业政策推动效果对于企业在市场需求高低两种情景下均有效,在市场需求较高的情景下产业政策效果更为显著。

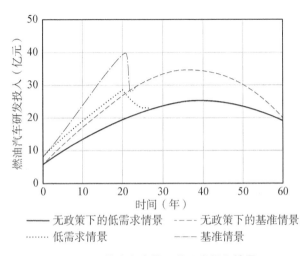

图 5-6 燃油汽车的两种研发投入情景

产业政策影响旧技术研发投入的持续周期取决于积分的正负值转变。如图 5-7 所示,一方面,由于研发投入较多,燃料消耗量实际值下降明显,高需求情景下燃料消耗量积分先于低需求情景由负转正值,致使低需求情景下政策影响周期更长;另一方面,由于负积分在转正值过程中绝对值逐渐变小,按照模型中"燃料消耗量积分/新能源积分"的方式,产业政策的影响程度逐渐变小,乃至正积分时不再对研发投入产生作用,如图中基准情景和低市场需求情景对应的曲线分别回归与另两条曲线接近重合。

此外,当旧技术的指标性能,比如平均燃料消耗量积分为负时,产业政策通过影响企业的产能和产量调整决策,同样能直接决定积分数量,但对于

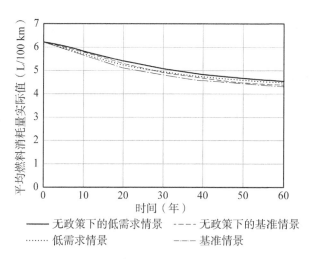

图 5-7　不同需求情景的企业平均燃料消耗量实际值

该积分负值转正不直接产生作用。如图 5-8 和图 5-9 所示,在表 5-1 和表 5-2 的参数设定下,由于前半期需求增长且平均燃料消耗量积分为负,产业政策以每 1 单位时间最高 50% 的幅度削减企业因需求增长而计划增加的产能;当后半期需求下降时,企业决定调整产能利用率,在保持产能的情况下降低产量。考虑到平均燃料消耗量正积分可以结转或者在关联企业间转让,存在一定的商业经济价值,依据本研究模型设定,产业政策会阻碍真实

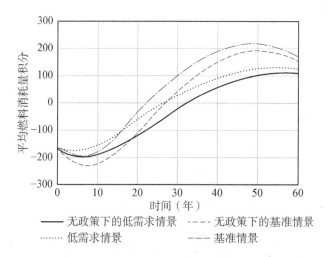

图 5-8　不同需求情景下的企业平均燃料消耗量积分

产能利用率的降低,高需求情景中需求的下降幅度大,导致其产能利用率的降幅更明显。此时,平均燃料消耗量积分处于从负值经平衡点逐步提升的阶段,该正数值较小,按照模型中"燃料消耗量积分/新能源积分"的方式,产业政策的影响程度较有限,致使两种情景中产能利用率曲线间的差异较小(见图5-10)。

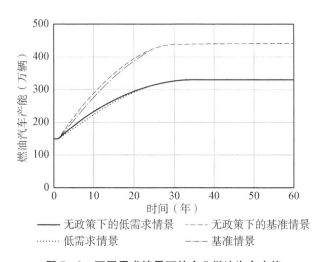

图5-9 不同需求情景下的企业燃油汽车产能

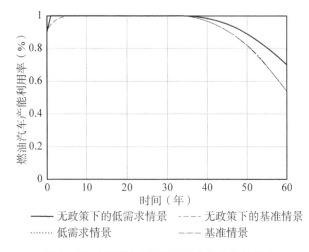

图5-10 不同需求情景下的企业产能利用率

自主研发能力是企业创新实力的体现,而技术的研发效应具有不确定性,因此设定两种不同的学习效应来表征技术研发的上述特征。情景 1 假定两者在研发总投入不超过特定阈值(假定 200 亿元)的前期保持曲线一致;而情景 2 用于表征研发能力落后或效应不显著的情况,即在超过上述阈值后出现学习效应的疲软,表达如式(5-4)所示。两种情景具体表现为图 5-11 中低学习效应情景对应的两条曲线,其所示的燃料消耗量实际值下降相对较缓慢。

$$平均燃料消耗量实际值 = \text{IF THEN ELSE}\left[燃油汽车研发总投入 \leqslant 200, 8 \times \right.$$
$$\left(\frac{燃油汽车研发总投入}{30}\right)^{-0.15}, 8 \times \left(\frac{200}{30}\right)^{-0.15} \times$$
$$\left.\left(\frac{燃油汽车研发总投入}{200}\right)^{-0.1}\right]$$

$$(5-4)$$

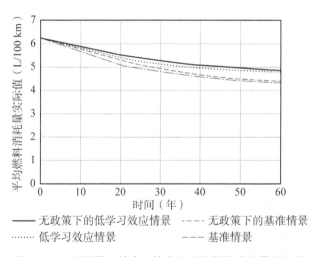

图 5-11　不同学习效应下的企业平均燃料消耗量实际值

在研发投入所产生的技术学习效应相对不显著的情景中,平均燃料消耗量实际值逼近达标值所需的时间变久,相应的,双积分型产业政策刺激企业增加研发投入的周期变长。如图 5-11 所示,从第 22 延长至第 37 个时间点,案例企业才达到设定的达标值 5L/100 km。仿真得到的数据显示,由于外部市场需求未发生改变,旧技术学习效应的差异并未对企业的产能和产量调整决策造成实质影响,仅延长了政策作用周期,对需求增长时的产能增加、需求下滑时的产能利用率降低,政策阻碍效果的期限被相应拉长。关于产业政策的影响,比对政策实施与否的情况,其中,在基准情景中,案例企业受政策影响相对较小,平均燃料消耗量积分负值转正的时间点从 28 提前至 22,在低学习效应情景中则从 45 变为 37(见图 5‑12)。可见在低学习效应的情景中,平均燃料消耗量实际值从初始状态降至目标值的时间缩短幅度更大,实施围绕技术指标设定积分的上述产业政策效果更显著。

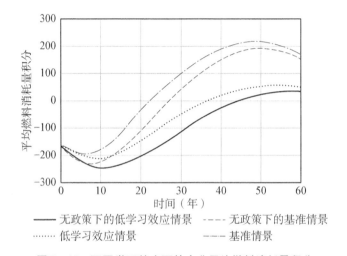

图 5‑12 不同学习效应下的企业平均燃料消耗量积分

5.3.2 企业适应性行为

随着达标值、积分比例要求等重要指标进一步趋严,市场中能够交易的新能源汽车正积分将变得稀缺。应对产业政策的施行与政策指标的变动,在变化的产业环境中优化自身决策对企业的生存发展至关重要。在表 5‑1 的基础上,调整政策影响下的企业决策机制,将政策工具[5%,50%]影响范围的上限 50% 分别设定为 60%、70% 和 100%,结果表明案例企业在更大程度上响应该产业政策的影响,特别是当上限为 100% 时。

　　图 5-13 至 5-16 展示了企业不同决策下的多情景对比结果。仿真数据显示,当提高应对产业政策施行而做出的决策调整上限值时,一方面,企业针对传统能源汽车技术的研发投入系数从初始情景的 7.5% 提高至 8%、8.5%;另一方面,企业响应市场需求而增加的传统能源汽车产能被抑制,每个时间单元产量相对初始情景反而减少。年度盈利的减少与研发投入比重的增加,两方面因素此消彼长,但总体上,传统能源汽车技术的研发投入随

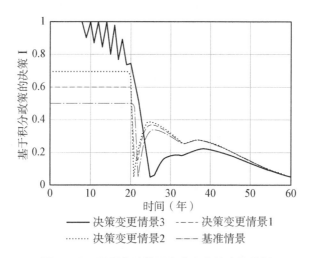

图 5-13　双积分政策下汽车企业的决策分析

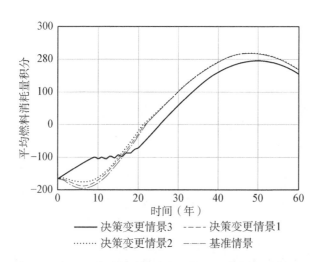

图 5-14　双积分政策下汽车企业的平均燃料消耗量积分

上限值提高而小幅增加,推动平均燃料消耗量实际值下降,积分曲线相应呈现一定程度的上升趋势,体现在积分从负值转正的时间上则相差无几,上述三个情景均在第 22 个时间点达到燃油消耗量目标值。

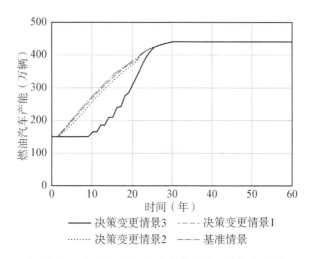

图 5‑15 双积分政策下汽车企业的燃油汽车产能

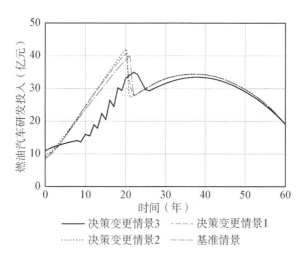

图 5‑16 双积分政策下汽车企业的燃油汽车研发投入

其中,当上限值设定为极端的 100％时,如图 5‑14 中情景 3 对应的曲线所示,在平均燃料消耗量积分为负,且与新能源汽车积分比值绝对值超过

10 的前期,产能和产能利用率均保持不变,研发投入系数达到最高的 10%,平均燃料消耗量积分相比其他情景上升幅度明显,但盈利受限导致实际研发投入减少的效应显现;随着两项积分逐渐上升,在经历波动的反复期后,决策调整的数值降低,响应市场需求的产能、产量逐步增加,但对研发投入的刺激略有下降,总体的研发投入仍相对落后,导致平均燃料消耗量积分曲线在中后期低于其他情景。可见,控制传统能源汽车产量能在短期内减少积分负值、增加研发投入从而降低燃油消耗量,是实现负积分转正的关键,但前提是有足够的盈利以投入研发。

产业政策对乘用车企业平均燃料消耗量积分与新能源汽车积分的并行管理,主要通过平均燃料消耗量达标值、新能源汽车积分比例要求两项指标加以调控。若政策的制定导致行业内的新能源汽车积分平均值为负,企业通过市场机制购买新能源汽车正积分的难度和成本大幅增加。如式(5-5)所示,当单位新能源汽车积分购买成本高于 P_{NEV} 时,减少 1 单位传统能源汽车产量在经济上具有可行性,其中 POI_{FV} 和 POI_{NEV} 分别表示平均燃料消耗量积分、新能源汽车积分的变化,U_{pf-FV} 为传统能源汽车单位盈利。相应的,在需求存在时,增加新能源汽车产量无疑能够帮助企业获益,特别是案例企业新能源汽车产能过剩。但是,在需求不足的情况下,仅当 P_{NEV} 满足式(5-6),增加 1 单位新能源汽车产量在经济上才具有可行性,其中 C_{inv} 表示汽车未售前的短期平均库存成本。

$$P_{NEV} \geqslant \frac{U_{pf-FV}}{POI_{FV} + POI_{NEV}} \tag{5-5}$$

$$P_{NEV} \geqslant \frac{C_{inv}}{POI_{NEV}} \tag{5-6}$$

若产业政策的制定与施行使得市场中存在新能源汽车积分的交易,而其购买成本 P_{NEV} 不满足式(5-5)和式(5-6)时,企业将面临政策处罚与经济损失之间的选择。考虑到产品准入等处罚所带来的影响,企业将倾向于选择一定程度降低传统能源汽车产量,或增加新能源汽车产量,取决于 $U_{pf-FV} - (POI_{FV} + POI_{NEV}) \times P_{NEV}$ 与 $C_{inv} - POI_{NEV} \times P_{NEV}$ 的高低,前者高则企业更愿意增加新能源汽车产量,反之则会做出减少传统能源汽车产量的决策。

5.4 本章小结

本章研究了通过以积分形式衡量汽车性能指标以抑制传统能源汽车、扶持新能源汽车的双积分政策,特别是政策对企业多技术管理的影响机理与作用效果,及企业应对政策调控时的适应性决策行为。通过对双积分政策影响下传统能源汽车企业技术管理与运营的因果回路分析,构建了系统动力学模型,选取具有典型性的吉利汽车作为案例,做了详细的参数设置、变量间关系设定及模型检验。

多情景设计和仿真分析表明,在传统能源汽车与新能源汽车领域,若技术性能指标未达到目标值而导致积分为负,通过研发投入降低燃料消耗量实际值或提高新能源汽车续航里程以增加车型积分,是实现积分负值转正的关键。通过调整产能利用率乃至产能的方式,削减传统能源汽车的产量或者增加新能源汽车的产量,仅能在短期内控制负积分的数量,在新能源汽车整体销售尚疲软的环境下,相应造成的盈利缩减将导致企业研发投入的不足,并非负积分管理的长期有效办法。

外部的市场需求和内部的研发学习效应会影响上述产业政策的施行效果。产品需求旺盛的企业产销经营情况好,产业政策推动下企业投入技术研发的资金更充裕,燃料消耗量实际值下降明显,积分相对更早地实现由负转正;技术研发学习效应相对不显著的企业,平均燃料消耗量实际值逼近达标值所需要的时间变久,将受持续周期更长的产业政策影响,但推动研发从而提升燃油经济性方面的政策效果更佳。换一角度理解,此类产业政策亦将一定程度促使市场需求弱、研发效率低的企业退出,推进汽车产业的资源整合。

政策对平均燃料消耗量达标值、新能源汽车积分比例要求等关键指标的调控,决定着企业是否能够通过市场机制购买新能源汽车正积分以抵偿归零负积分以及外部积分的获得成本,并进一步影响企业应对产业政策的适应性决策行为。在能通过交易机制获得新能源汽车正积分，且成本相对传统能源汽车单位产销盈利可接受的情况下，以市场需求为导向优先调整经营决策，在保证充裕营收的前提下大幅激励技术研发较为合理；但当政策趋严导致外部正积分难以获取，或成本超过特定条件，选择一定程度削减传统能源汽车产量或增加新能源汽车产量，能在短期内避免政策处罚。

上述研究结论表明，作为产业政策制定者的政府，若在政策施行初期采取异常严格的关键指标控制，能够较大程度限制旧技术的产量或推动新技术的投入，但同时将给企业的正常运营制造障碍并带来利润损失，而技术的经济性等指标未能通过研发得以显著改观；通过设定阶梯式逐步趋于严格的技术性能指标，在初期给予企业政策压力的同时刺激技术研发，为其通过响应市场需求积累研发资金提供条件。企业应认清政策形势，在政策指标相对宽松的缓冲期内，应避免完全市场导向的运营方式，加大研发投入以显著提升技术指标效率，尤其是外部需求增幅较大的技术，为政策趋严时的产能和产量调整决策提供便利，从而保障企业经营收益。

第**6**章

双积分政策下股权关联横向联盟行为分析

现有研究普遍认为,通过跨越企业边界形成战略联盟,是企业建立竞争优势和提升绩效的重要途径(Panico,2017)。企业同上游供应商、下游经销商构成的纵向联盟是一种主要的战略联盟形式,联盟动机和成功因素受到广泛研究关注。相比较而言,由同一行业领域的竞争对手组成的横向联盟一般需外部力量引导,往往致力于合作研发等特定目的,比如政府推动下的创新联合体。横向联盟中的企业有相互合作、取长补短的需求,但技术溢出现象使得联盟成员之间存在复杂的博弈行为。双积分政策以乘用车企业为施政对象,以积分方式量化新旧两种汽车技术的能效,并允许积分在股权关联企业间转让,间接推动形成了以积分为载体的股权关联横向联盟。中国汽车工业具有特殊性,过去外国企业不被允许在中国设立独资公司,只能与中国企业合作,因此上述股权关联横向联盟的联盟结构富有典型的时代特色。其中,合资企业是否会同中资企业形成积分"搭便车"关系?两类企业的合作与博弈在双积分政策框架下会共赢还是双输?是值得探讨的重要问题,对于丰富战略联盟的理论体系具有实际价值。

自政策发布以来,学者们针对双积分政策展开了大量研究。宏观层面,从产业规模(Li et al.,2018;Ou et al.,2018)、温室气体排放(He et al.,2020)及技术性能(Chen et al.,2021;Zhang et al.,2021)等方面研究政策效果。微观层面,研究汽车的产量和节能性能(Lou et al.,2020)、电气化转型时间(He et al.,2021)、绿色技术投资(Zhou et al.,2019)等汽车生产研发相关的决策。其中,市场竞争和合作下企业的生产决策受到了大量关注,一方面是汽车企业竞合策略研究(刘亚婕、董锋,2022),另一方面是供应链上下游的协调(刘丛等,2022)。两种积分的结转、转让与交易是双积分政策机制的重要组成部分,与技术管理、生产运营共同组成了企业应对双积分政策的决策体系,目前该细分领域尚未被充分关注,尤其是从股权关联企业所形成的联盟角度。

针对中国的汽车工业现状,本章考虑双积分政策框架下一种典型的股权关联横向联盟,即一家中资汽车集团和两家外资汽车集团分别组建合资企业,形成两家合资品牌企业和一家本土品牌企业构成的联盟。现实中,包括上海汽车集团与德国大众汽车集团、美国通用汽车公司的合作,广州汽车集团与本田技研工业株式会社、日本丰田汽车公司的合作,国内大型汽车集团中普遍形成了基于股权关联的横向联盟。受国家产业政策导向影响,横向联盟中的中资企业均积极投产新能源汽车,而合资车企在燃油汽车市场占据竞争优势,稳定的现金流收入造成不同程度的业务依赖,新能源汽车产量在总产量中仅占据很小比重。在双积分政策框架下,中资车企的平均燃料消耗量积分和新能源汽车积分状况普遍优于合资车企,年度结算后存在盈余。此时,中资车企面临是否将剩余积分低价甚至无偿转让给联盟中合资车企的选择,若合资车企重心仍倾向燃油汽车,采取不同程度的"搭便车"行为,中资车企的援助行为是否会损害自身和联盟绩效?在双积分政策不同严格程度和不同市场需求状况下,上述情况是否存在变化同样值得关注。

为解决上述问题,本章基于 Agent 思想描绘股权关联横向联盟的内部结构与交互特点,针对 Agent 单一主体,采用系统动力学建模方法,建立双积分政策影响下的乘用车制造企业技术管理、生产运营和积分结算模型。选择上海汽车集团作为典型案例和数据来源,通过调节企业策略、政策指标,设置多种对比研究情景,仿真分析横向联盟中合资企业的"搭便车"行为和中资企业的策略选择,并进一步探讨政策改进与企业优化决策。

6.1 相关研究

与本章相关的文献主要包括战略联盟和"搭便车"行为两个方面。战略联盟是两个或以上的企业通过共同协调技术和资源来执行一个项目或在特定的业务领域运营，为实现战略目标而建立的合作关系（Dussauge et al.，2004）。从行业范围的维度，战略联盟分为纵向联盟和横向联盟（Yasuda et al.，2005）。目前有关纵向战略联盟的研究大多聚焦于供应链。刘丛等（2022）在考虑多种因素影响供应链成员创新行为的基础上，探讨成本分担契约、收益共享契约对供应链成员利润的影响，发现制造商的契约选择会随创新成本改变。横向联盟方面，肖旦等（2017）基于供应商所提供的不同契约形式，研究了横向竞争零售商采购联盟的稳定结构。潘林等（2021）探讨了多对一型供应链中制造商联盟定价决策问题。Gao等（2017）研究了合作伙伴相似性对中国物流服务提供商横向联盟成功的显著影响。上述文献分别从纵向和横向的角度研究了联盟决策问题，其中纵向联盟多为供应链上下游企业的生产与协调，横向联盟多以零售商和物流企业为主体。在双积分政策下，学者们从零部件供应商和整车制造商的角度分析协调契约（Ma et al.，2021），还从跨链合作的角度探讨了新能源汽车和传统燃油汽车的生产进度（Li et al.，2020），但是欠缺"搭便车"行为下企业联盟内的生产合作，也少有股权关联企业组成的横向联盟对惩罚性政策的应对。

共同利益体中的"搭便车"现象受到战略管理、组织行为和运营管理等领域学者的广泛关注。Zhou等（2017）研究了差异和非差异定价情景下，"搭便车"下的二级供应链服务策略。Pu等（2017）研究了双渠道供应链中"搭便车"对销售努力的影响。许明星和李雪琴（2022）基于制造商和零售商的线上线下渠道，张爱凤等（2022）基于单个零售商的双销售渠道，探讨了消费者"搭便车"行为下的最优定价和服务水平。以上研究中的"搭便车"行为均从消费者行为的角度出发，旨在解决供应链定价与服务水平问题，也证明了供应链成本分摊契约应对"搭便车"行为的有效性。实际上，企业之间也存在"搭便车"现象，如制造商及消费者都存在搭传统零售商服务便车的情况（曹裕，2019）。周建亨和赵瑞娟（2016）对双重"搭便车"模式影响下的零售商信息披露决策进行了研究，Guan等（2020）则探究了供应商的自愿披露策略。Yan等（2021）证明了在线金融的双向"搭便车"可以为供应链参与者提供额外的利益。Liu等（2022）将演化博弈模型应用于两级绿色供应链，发现监管惩罚影响"搭便车"减排行为的重要性。上述文献多从消费者和制造商的角度探讨"搭便车"行为,并聚焦于对双渠道供应链定价、服务和促销等策略的研究,然而未考虑以横向联盟为视角的"搭便车"行为对企业生产决策的影响,且企业为应对政策而出现的"搭便车"现象,上述研究也未给出准确的解释以及策略选择。

6.2　基于 Agent 思想的系统动力学建模

6.2.1　模型框架

双积分政策是推动国内特定汽车企业之间形成利益共同体的关键因素,该政策框架主要包括三个核心机制:①两项积分的计算规则;②平均燃料消耗量正积分的结转与关联企业间转让;③新能源汽车正积分的交易抵偿。每年度,若两项积分的负值不能抵偿归零,乘用车企业将面临新产品不予核发强制性产品认证证书或其他处罚。而抵偿归零后,企业仍有新能源汽车正积分富余的,可出售转让给新能源汽车正积分不足的企业。双积分政策规定,"境内乘用车生产企业与其直接或者间接持股总和达到 25% 以上的其他境内乘用车生产企业"和"同为第三方直接或者间接持股总和达到25% 以上的境内乘用车生产企业",均属于关联企业。在允许正积分年度结转和 NEV 正积分自由交易的同时,关联企业之间可转让 CAFC 正积分。

如图 6-1 所示,本章的研究对象为三家股权关联企业组成的横向联盟,三家企业均为同时经营传统燃油汽车和新能源汽车的境内乘用车生产企业,股权性质分别为合资、合资和中资。该假定符合《中国乘用车企业平均燃料消耗量与新能源汽车积分核算情况表》实际,以及国内主要乘用车生产企业之间的股权关联情况。

本章所研究的横向联盟中的决策主体之间存在较复杂的股权关联,但均为独立的决策主体,体现 Agent 建模的思想。作为直接影响新旧两种技术管理与生产运营的新型综合性产业政策,双积分政策通过设定与研发挂钩的燃料消耗量、续航里程指标,结合产量构成积分重要计算因素,同时作

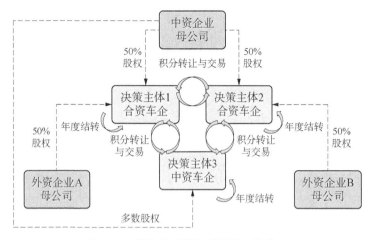

图6-1 股权关联横向联盟体系结构图

用于上述两项业务。结合双积分政策机制分析,同时参考现有研究,本章采用系统动力学建模方法,将受政策影响的单一决策主体分解为四个主要子模型,即生产子模型、研发子模型、积分计算子模型和积分交互子模型,具体的因果回路如图6-2所示。图中用箭头表示关键变量间的相互影响关系。

为阐述关键变量间的因果关系,本章选取上汽乘用车、上汽大众和上汽通用三家股权关联企业组成的横向联盟作为案例,加以解释说明。上汽大众是上海汽车集团和大众汽车集团合资成立的整车制造企业,2017年其传统燃油乘用车产量达到197.9万辆,销量市场占比达7.15%,而新能源汽车产量则不及传统燃油车的5%。双积分政策实施以来,上汽大众虽根据市场需求和积分情况,逐年压缩燃油汽车产量,但新能源汽车的产销占比仍较小,导致CAFC和NEV两项积分核算常年告负。2021年,上汽大众CAFC积分为−17.48万,NEV积分仅有1.91万。对于负积分的抵偿,在从市场购买积分前,可以考虑使用结转和转让的积分,或者由关联企业转让正积分,而上汽通用也面临类似情况。与两家合资车企不同,作为上海汽车集团全资子公司的上汽乘用车,采取向新能源积极转型的策略,2021年生产11.57万辆新能源汽车,两项积分均有盈余。作为关联企业,上汽乘用车公司可向上汽大众和上汽通用转让正积分,《中国乘用车企业平均燃料消耗量与新能源汽车积分核算情况表》证实了转让的可能性,作为主管部门的工业

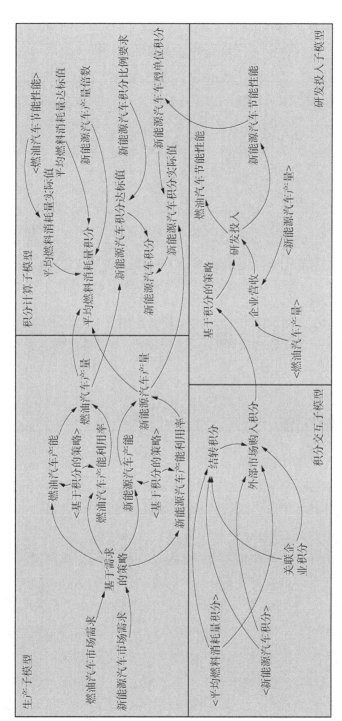

图 6-2　因果回路图

和信息化部未披露相关信息。

通过案例分析可知,企业的研发策略会影响车辆性能,与运营决策下的汽车产量共同决定了 CAFC 和 NEV 两项积分数值,而积分的正负决定了每一年度需要抵偿归零的数值。当结转和转让无法满足积分抵偿需求时,企业只能选择从外部市场购入积分。上述双积分核算交易情况会反馈作用于企业的生产研发策略,推动调整汽车产量配置和研发投入。主要的反馈回路如下,其中 ICEV 代表内燃机汽车。

ICEV(NEV) 产量 → CAFC(NEV) 积分 → 外部市场购入积分 → 基于积分的策略 → ICEV(NEV) 产能和产能利用率 → ICEV(NEV) 产量

ICEV(NEV) 节能性能 → CAFC(NEV) 积分 → 外部市场购入积分 → 基于积分的策略 → 研发投入 → ICEV(NEV) 节能性能

ICEV(NEV) 产量 → 经营收入 → 研发投入 → ICEV(NEV) 节能性能 → CAFC(NEV) 积分 → 基于积分的策略 → ICEV(NEV) 产能和产能利用率 → ICEV(NEV) 产量

6.2.2 因果回路图

1) 生产子模型

生产子模型主要反映了企业的汽车生产和决策。如图 6-3 所示,企业根据不同的市场需求生产传统燃油汽车和新能源汽车,并通过从外部积分市场购入积分做出决策调整产量。本章设定随时间推移的市场需求变化,以乘用车生产企业响应市场需求的方式,表示企业围绕传统燃油汽车与新能源汽车两个领域的运营策略。在不同市场情况下,企业传统燃油汽车与新能源汽车的运营机制,即产能与产能利用率的调整值如表 6-1 所示。受双积分政策影响,企业优先考虑增产新能源汽车,根据积分状况适量超额增产,然后选择减产传统燃油汽车。根据双积分政策执行的严格程度和企业的积分情况反馈,企业会做出基于积分政策的决策,调整新能源汽车增产、传统燃油汽车减产的幅度。辅助变量"基于积分政策的决策"将会在研发投

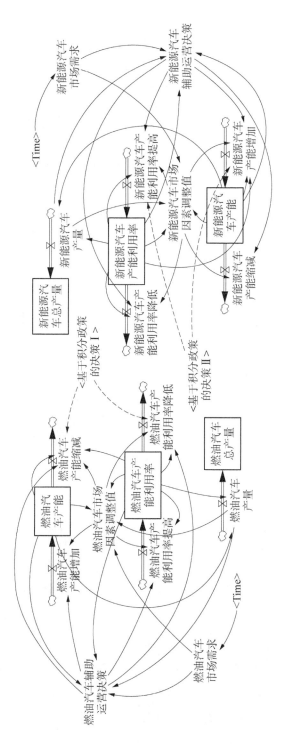

图 6 - 3 生产子模型因果回路图

入子模型中具体阐述。

表 6-1　乘用车生产企业响应市场需求决策机制分析

市场情况		决策机制	市场因素调整值
市场需求 ≥产量	需求增幅＜ 1－利用率	提高产能利用率	（需求－产量）÷产能
	需求增幅≥ 1－利用率	提高产能利用率 增加产能	产能利用率提升至100% 产能增幅： （需求－产能）÷产能
市场需求 ＜产量	利用率＜阈值	—	降低产能	产能－需求÷利用率
	利用率＞阈值	需求减幅＜ 利用率－阈值	降低产能利用率	（产量－需求）÷产能

2）研发子模型

对发动机技术的研发是提高燃油经济性的主要方法之一,提高燃油经济性意味着平均燃料消耗量实际值的降低。因此为应对双积分政策,企业在调整燃油汽车产量的同时还可以考虑增加燃油汽车的研发投入,新能源汽车的电池续航里程等方面同理。研发模块中,企业根据营收百分比投入研发汽车技术性能。企业研发创新是一种持续且非短期的行为,研发投入的不确定性与学习曲线的非线性特征会对企业运营策略的作用分析产生干扰,本模型假定乘用车生产企业采用固定的研发投入策略,同时将研发投入与车辆性能的关系设定为线性方式,如下式所示:

$$平均燃料消耗量实际值 = -0.0005 \times 燃油汽车研发总投入 + 7$$

(6-1)

$$新能源汽车单位车型积分 = (2 \times 新能源汽车研发总投入 + 3600) \div 1900$$

(6-2)

若两项负积分无法抵偿清零,企业需从外部市场交易购入新能源汽车正积分,交易为企业构成反馈,做出基于积分政策的决策,该决策不仅在于调整生产子模型中的企业汽车生产配置,还会上调作为汽车当期研发投入比值的营收比例。研发子模型因果回路如图6-4所示。

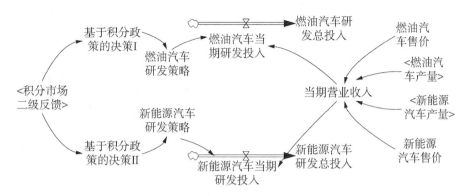

图 6-4　研发子模型因果回路图

3) 积分计算子模型

如图 6-5 所示,在积分计算模块中,根据企业的汽车产量和性能以及政策规定计算得出当期平均燃料消耗量积分和新能源汽车积分。根据《乘用车燃料消耗量评价方法及指标》和《新能源乘用车车型积分计算方法》的规定,新能源汽车产量倍数、新能源汽车比例和平均燃料消耗量积分达标值等按照政策规定依年份变化趋于严格。两项积分的计算公式如表 6-2 所示。

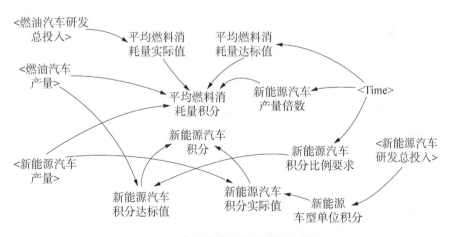

图 6-5　积分计算子模型因果回路图

表6-2　平均燃料消耗量积分与新能源汽车积分计算规则

公式序号	关键函数表达式与释义	变量描述
1	平均燃料消耗量实际值 $$A_{CAFC} = \frac{CAFC \times P_{TEV}}{P_{TEV} + W \times P_{NEV}}$$	A_{CAFC}——平均燃料消耗量实际值 CAFC——传统燃油汽车燃料消耗量平均值 P_{TEV}——传统燃油汽车年度产量 P_{NEV}——新能源汽车年度产量 W——新能源汽车产量倍数(政策控制)
2	平均燃料消耗量积分 $$Credit_{TEV} = (T_{CAFC} - A_{CAFC}) \times P_{TEV}$$	$Credit_{TEV}$——平均燃料消耗量积分 T_{CAFC}——平均燃料消耗量目标值(政策控制)
3	新能源汽车积分 $$Credit_{NEV} = P_{NEV} \times U - P_{TEV} \times R$$	$Credit_{NEV}$——新能源汽车积分 R——新能源汽车积分比例要求(政策控制) U——新能源汽车单位车型积分(政策控制)

与政策规定的计算公式有所不同的是平均燃料消耗量积分,这是由于模型中的平均燃料消耗量实际值是仅考虑燃油汽车的平均实际值,且假设新能源汽车平均燃料消耗量为0。

4) 积分交互子模型

积分交互子模型如图6-6所示,企业当期平均燃料消耗量正积分可进行结转、转让,当期平均燃料消耗量负积分可由结转积分、受让积分、新能源汽车正积分抵偿,当期新能源汽车积分可进行结转、与关联企业交易,当期新能源汽车负积分可由结转积分、交易积分抵偿。

本章设定企业当期积分结算顺序为:结转、关联企业转让和交易、外部积分市场购入,如图6-7所示。企业当期产生负积分优先使用结转积分抵偿,自身结转结算后若仍存在平均燃料消耗量(新能源汽车)负积分,关联企业平均燃料消耗量(新能源汽车)正积分转让(交易)优先级为国资企业到合资企业,即优先转让(交易)关联中资企业的正积分,若不足以抵偿清零,再考虑转让(交易)关联合资企业的正积分。若关联企业结算后仍存在负积分,则从积分市场购入积分。该假设符合双积分政策积分并行管理规则,以

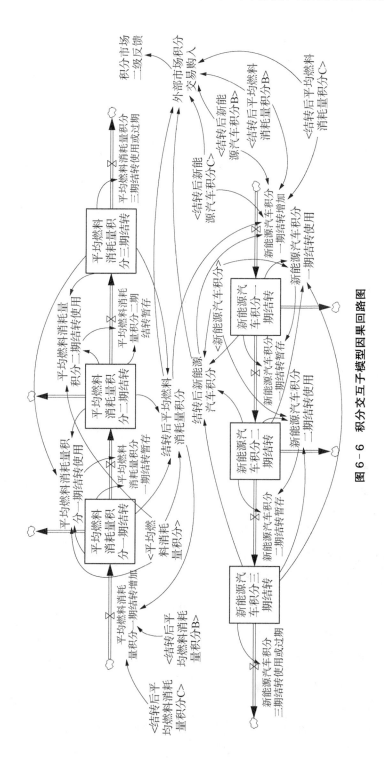

图6-6　积分交互子模型因果回路图

及乘用车生产企业的实际情况。

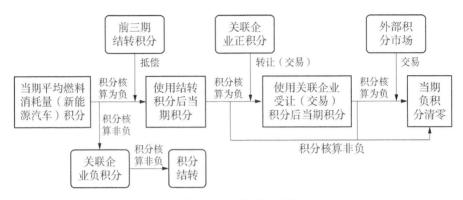

图6-7　单一决策主体的积分核算路径

6.3　模型参数设定

本章根据两家合资企业和一家国资企业的关联企业组合,探讨双积分型政策积分转让机制对企业决策的影响,从集团年报、积分核算公示表等渠道获取的数据显示,同一集团下两类企业的生产配置和积分情况具有不同的特点。以传统能源汽车为主的中外合资汽车企业,由中外汽车集团共同出资组建而成,其中国外汽车集团历史悠久,为合资企业带来资金和技术,从而改进燃油汽车性能,在燃油汽车市场中更受消费者的认可,产销量大幅领先中国自主品牌汽车企业,然而新能源汽车产量远不及燃油汽车,转型速度缓慢,尚处于转型的初步阶段。先一步响应政策而转型的中国自主品牌汽车企业,由国有汽车集团全资持有,面对中国一系列新能源汽车产业政策,提前部署新能源汽车研发生产,转型速度快,能够完成每年趋严的政策要求,汽车总量虽不及中外合资汽车企业,但新能源汽车的高生产比重为集团带来盈余积分。

本章以具有代表性的上海汽车集团作为案例,其中选定上汽大众和上汽通用为合资车企 A 和 B 的数据来源,上海汽车乘用车公司为中资车企 C 的数据来源。表 6-3 所示的三家企业变量初始值和固定值均对以上企业的参数值作出合理估计。

表 6-3　模型初始值及固定值设定

变量名	变量类型	数值			单位	描述
		企业 A	企业 B	企业 C		
燃油汽车产能	存量初始值	200	200	100	万辆	根据《上海汽车集团股份有限公司 2017 年年度报告》中现有产能核算
燃油汽车产能利用率	存量初始值	80%	80%	80%	—	根据《上海汽车集团股份有限公司 2017 年年度报告》中产能利用率核算
燃油汽车研发总投入	存量初始值	800	800	400	亿元	根据《上海汽车集团股份有限公司年度报告》2013—2017 历年研发投入估计
新能源汽车产能	存量初始值	10	10	20	万辆	根据中国汽车工业协会整理的上海汽车集团新能源汽车产量数据估计
新能源汽车产能利用率	存量初始值	10%	10%	30%	—	按照 2017 年度生产量估算与产能的比值
新能源汽车研发总投入	存量初始值	10	10	100	亿元	根据《上海汽车集团股份有限公司年度报告》2013—2017 历年研发投入估计
燃油汽车平均售价	常数	15	15	10	万元	根据《上海汽车集团股份有限公司 2017 年年度报告》中燃油汽车销量和收入计算
新能源汽车平均售价	常数	20	20	15	万元	根据《上海汽车集团股份有限公司 2017 年年度报告》中新能源汽车销量和收入计算

针对双积分政策框架下的股权关联横向联盟,为探讨合资车企"搭便车"行为下的中资车企积分转让策略,并分析企业转型生产和政策指标变动对中资车企决策的影响,通过调整参数的方式,本章在汽车制造企业整体向新能源汽车转型的背景下,设计了四种不同情景,如表 6-4 至表 6-6 所示。

情景设计的思路和差异具体说明如下。

表 6-4　情景 1 和 2 车企决策调整参数表

	情景 1—各自结算	情景 2—半数转让	情景 2—全部转让
中资车企转让系数	0	0.25	0.5
合资车企燃油汽车产量调整	0%	+10%	+20%

表 6-5　中资车企 C 生产决策调整参数表

	缓慢转型	正常转型	快速转型
新能源汽车产量调整	−20%	0%	+20%

表 6-6　政策和积分调整参数表

	正常	收紧	宽松
NEV 积分比例要求	IF THEN ELSE {Time ≤ 18, IF THEN ELSE [Time ≤ 2, 0, 0.1 + 0.02 × (Time − 3)], 0.4}	IF THEN ELSE {Time ≤ 18, IF THEN ELSE [Time ≤ 2, 0, 0.1 + 0.03 × (Time − 3)], 0.55}	IF THEN ELSE {Time ≤ 18, IF THEN ELSE [Time ≤ 2, 0, 0.1 + 0.01 × (Time − 3)], 0.25}
积分价格(万元/分)	0.2	0.3	0.1

　　情景 1:基础情景。中资和合资车企各自结算积分,不存在股权关联企业间积分转让。

　　情景 2:"搭便车"情景。中资车企考虑到联盟整体绩效,选择将盈余积分部分或全部转让。在中资车企提供帮助的情况下,合资车企的积分压力减轻,削减燃油汽车产量的动机减弱,出现"搭便车"现象。

　　情景 3:企业转型影响情景。在情景 1 和情景 2 的基础上,探讨中资车企不同转型程度下的积分转让策略,设置缓慢、正常和快速转型等不同情况,形成情景 3,调整参数如表 6-5 所示。

　　情景 4:政策调控影响情景。在情景 1 和 2 的基础上,探讨双积分政策不同松紧程度的影响,形成情景 4。其中政策调整参数选择新能源汽车积分比例要求,如表 6-6 所示。考虑近年来新能源汽车正积分交易的实际价格,将基础情景下的单位积分价格定为 0.2 万元/分。当政策收紧时,市场中可供交易的积分变紧缺,单位积分价格上涨;反之,政策宽松时,单位积分价格有所下降。

6.4　模型检验和仿真分析

本章使用 Vensim PLE 对所构建的系统动力学模型进行仿真,以年为步长,0 为初始时间,模拟 60 个周期,模拟上述 12 个情景。考虑到后期环境的高度不确定性,本章仿真结果以关注各情景的相对差值为主。

6.4.1　模型检验

1) 系统边界测试

系统边界测试是检查系统中主要的观测变量是否为内生变量,并测试系统的行为对系统边界假设的变动是否敏感。本章研究的主要目的是分析双积分政策下,股权关联企业的不同生产策略对集团积分和营收的影响。通过对已有研究结果进行梳理,并根据实际情况进一步对模型因果图和流图进行修正和完善,确保模型未包含非必要研究变量,通过对模型的仿真可以发现,本章所构建因果关系图的反馈回路和系统流图均较为合理。

2) 极端情况测试

极端情况检验是通过模型对极端情况所做出的反应进行判断,将模型中的某个或几个变量的值设置为极端情况,观察所构建的模型是否符合现实。本章对产能和积分规则取极端值,考察对产量和积分生成的影响。当两类汽车产能取值为 0 时,企业丧失了生产能力,始终不生成两项积分。当平均燃料消耗量积分达标值取极大值,新能源汽车积分达标值取值为 0 时,双积分政策失去效力,企业积分始终为正,因此两类汽车按市场需求进行生产。

以上检验结果表明,本章构建的系统动力学模型所描述的系统行为与实际情况基本相符,能够在一定程度上反映企业运营的实际情况。

6.4.2 仿真分析

1)"搭便车"行为与积分转让决策

情景1和情景2中,中资车企C的年营业收入如图6-8所示。作为兼营燃油汽车和新能源汽车的制造型企业,该营业收入包括车企自身两类汽车业务的经营绩效,叠加出售盈余新能源汽车正积分的收入或购入新能源汽车正积分的支出。此外,中资车企在两家合资车企中各占50%的股份,将获取对应比例的合资车企经营绩效。

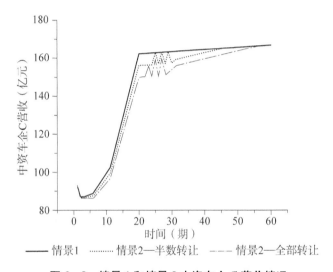

图6-8 情景1和情景2中资车企C营收情况

在情景1中,积分转让系数为0,即三家车企各自结算积分,通过使用自身历年结转的正积分和从外部市场购买的新能源汽车正积分,实现负积分的抵偿归零。在此情景中,中资车企年营收于前20期快速上升至162.4亿元,在转型完成后升速趋于平缓,依靠不断提升的汽车性能累积出售更多积分,通过积分交易增加企业绩效。在情景2中,积分转让系数为0.25和0.5,分别对应中资车企C将当期一半和全部的积分,通过平均燃料消耗量积分转让和新能源汽车积分交易的方式,无偿抵偿股权关联横向联盟中两家合资车企A和B的负积分。

由图 6-8 可知,在本章的情景设计参数下,中资车企 C 将盈余积分转让给股权关联企业,相比于横向联盟企业各自结算所得的经营收入要低。积分转让比例越高,车企 C 的经营收入越低。剖析原因发现,合资车企 A 和 B 受益于中资车企的积分转让,因积分压力减小而降低了燃油汽车减产的速度,而随着从外部市场购入积分需求的减少,同时也减弱了对合资车企产量调整策略的刺激效应,合资企业 A 和 B 的新能源汽车年均产量占比有所下降。上述影响造成年度平均燃料消耗量负积分和新能源汽车负积分相较于情景 1 更多,导致中资车企 C 需要在更长的周期转让更多的积分,可供出售到积分交易市场的新能源汽车正积分则相应减少。

在第 20~30 期,合资车企 A 和 B 在反馈机制下不断调整产量,中资车企 C 也因此改变需要转让和出售的积分,从而形成了营业收入的短时间震荡。在 30 期后,合资车企逐步完成转型,缓慢削减中资企业的积分帮助,多年后营收与情景 1 持平。而中资集团的营收绩效则相反,如图 6-9 所示,情景 1 各自结算的前提下,合资车企 A 和 B 从外部购入积分形成反馈导致减产,经营收入因此减少,归属中资集团的利润总体下降。情景 2 中,合资车企减产幅度缩小,燃油汽车销售额的差距大于中资车企出售积分的收入差,当中资车企 C 的当期盈余积分全部转让,集团将会获得最多利润。

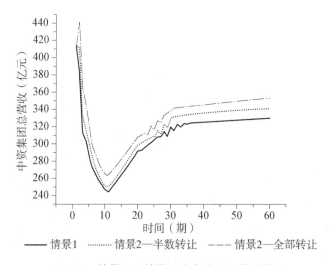

图 6-9 情景 1 和情景 2 中资集团总营收情况

2）企业转型带来的影响

情景 3 设置了中资车企向新能源汽车转型的不同速度，即缓慢、正常和快速转型，以探讨不同情况下中资车企的积分转让策略。中资车企 C 的年营业收入如图 6-10 所示。当中资车企 C 处于快速转型情景，且三家车企各自结算积分时，车企 C 的营业收入最高，在第 20 期达到 189.30 亿元；当中资车企 C 缓慢转型，且全部转让当期积分时，车企 C 的营业收入最低，第 20 期为 126 亿元。在不同转型速度下，中资车企 C 的营业收入依旧与转让系数成反比。在快速转型时，不转让积分相比全部转让积分，车企 C 的累计营业收入增加 378.61 亿元，缓慢转型时则增加 257.07 亿元，累计营收差缩小。因此，在中资车企 C 转型速度不同的情况下，其转让的盈余积分比例越高，营业收入越少，而转型的速度越快，累计营收差距则会越大。

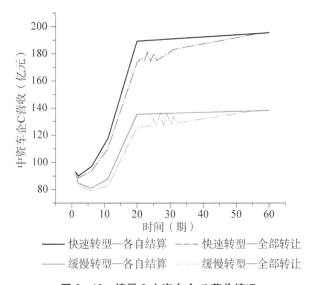

图 6-10　情景 3 中资车企 C 营收情况

当中资车企 C 处于不同转型期，作为母公司的中资集团其相应的总营收情况如图 6-11 所示。与情景 1 和情景 2 相同，在中资车企 C 快速或缓慢转型时，积分转让比例越高，集团总经营收入越高，因为车企 C 的转型不会对合资车企的"搭便车"程度产生反向影响，即车企 A 和 B 仍会受益于积分转让并安排生产。另外,合资企业 A 和 B 燃油汽车产量的压缩,导致集团总营收前期大幅下滑,允许积分转让能够提高前期绩效。而中资车企 C 转型速度的提高会增加后期营收,因此在中资车企 C 快速转型,且允许盈余积分全部转让时,集团能够获得最高总营收。当中资车企 C 快速转型,且企业积分各自结算时,中资集团的营收于第 10 期后高于缓慢转型、积分全部转让的情景。

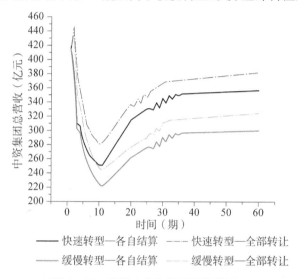

图 6-11　情景 3 中资集团总营收情况

3）政策调控带来的影响

双积分政策有平均燃料消耗量达标值、新能源汽车积分比例要求、新能源汽车单位车型积分等重要的调控指标,选取新能源汽车积分比例要求作为调控指标,情景 4 设置了不同政策松紧程度的情况。情景 4 中的中资车企 C 年营业收入如图 6-12 所示。当政策收紧,新能源汽车积分比例要求提高,且三家企业各自结算积分时,中资车企 C 的营业收入最高。因为当政策收紧时,车企能够获得的积分减少,对新能源汽车正积分的需求增大。而此时,外部市场的积分供应相应减少,供求关系的变化导致积分价格上涨,为无须帮助关联企业的中资车企 C 增加了积分收入。由图 6-12 可知,在政策不同松紧程度下,中资车企 C 的营业收入与转让系数依旧呈反比关系。另外,若中资车企 C 将盈余积分全部转让给合资车企 A 和 B,前 20 期车企 C 的营业收入基本保持一致,因为政策要求的调整,并未显著改变合资车企 A 和 B 的负积分状况,高额负积分令中资车企 C 前期没有正积分结余,因此也没有出售积分的收入。

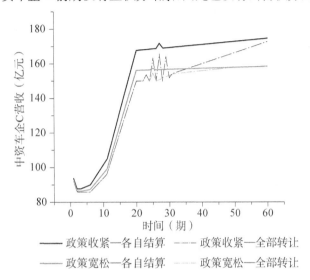

图 6-12 情景 4 中资车企 C 营收情况

图 6-13 为中资集团的总营收情况。在情景 1 和情景 2 的参数基础上,不论政策调控程度如何,横向联盟企业若采取盈余积分全部转让的策略,集

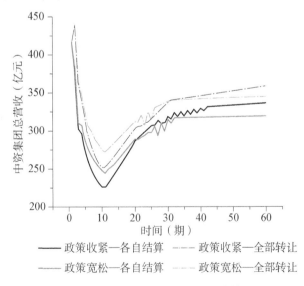

图 6-13 情景 4 中资集团总营收情况

团将获得更高的营收绩效。随着政策收紧,合资企业相对政策宽松时产生更多负积分,在市场积分供给量减少导致价格上涨,以及购入积分形成反馈后压缩燃油汽车产量两方面原因共同作用下,仿真前中期集团总营收相较宽松和一般政策下处于更低水平,随着三家车企转型完成,向市场提供积分时,中资集团的总营收有所回升且超过其他政策调控情景。

综上所述,在本章所设计的三家横向联盟车企生产和积分交互下,根据对四种情景所设参数的仿真得出,积分转让比例越高,中资车企收入越低。对于中资集团,在各自结算情景中,中资车企 C 通过新能源汽车积分交易市场出售正积分的同时,合资车企 A 和 B 需要买入新能源汽车正积分,以实现负积分的抵偿归零,因此集团收入不会增加,反而会引起购入反馈减少合资车企燃油车产量。当中资车企选择将剩余的正积分转让给横向联盟中的关联企业,购入反馈下降,燃油车产量降速减缓,集团能获得更高收益,而车企的转型速度、政策调控程度和积分价格会影响不同转让比例下的营收差值。

6.5 本章小结

相比供应链成员构成的纵向联盟,由同类企业组成的横向联盟往往受政府等外部力量推动成立。双积分政策允许积分在股权关联企业间转让,间接推动形成了以积分为载体的股权关联横向联盟,该联盟内部围绕积分转让和生产运营的合作博弈行为,具有重要的理论研究价值和实践意义。本章利用系统动力学建立双积分框架下三家股权关联企业组成横向联盟的联合生产模型,探讨联盟内两家以燃油汽车生产为主、寻求积分帮助的合资企业的积分"搭便车"行为,以及一家积极向新能源汽车转型、积分充盈的中资企业的积分转让策略与生产决策。

研究得到以下结论:①股权关联横向联盟中的中资车企,通过积极向新能源汽车转型,具备较好的积分状态,将盈余积分低价甚至无偿转让给联盟中的两家合资车企,尽管积分出售收入的减少不利于自身的营收表现,但母公司中资集团的整体绩效反而会受益;②股权关联企业之间的积分转让,使得向新能源汽车缓慢转型企业的积分压力得到缓解,积分"搭便车"情况会导致联盟成员企业的延迟转型,燃油汽车快速减产对财务的负面影响得到改善,使得中资集团的整体绩效在短期内得以提升;③中资车企的转型程度越高,向股权关联企业的积分转让比例越高,中资集团的整体绩效越好。政策收紧会导致中资集团的整体绩效在前期处于较低水平,随着转型趋稳,营业收入将超过政策宽松的情景。

通过本章的研究可以发现,允许股权关联企业之间进行积分转让,可以被看作政府将是否向新能源汽车转型的决策权交给了企业自身,尤其是股权关联横向联盟中的中资企业及其背后的中资集团母公司。中资企业选择把盈余积分转让给关联企业,将有助于改善短期的财务状况,但应以此为契机,加快推动合资企业积极向新能源汽车转型。若合资企业选择在短期内搭积分便车,延缓向新能源汽车转型,将会对中资企业的决策形成牵制。

本章通过构建三家车企汽车生产的系统动力学模型,得出的结论对同类关联车企的合作生产决策具有指导意义,为双积分政策的修订方案提供了科学依据。但本章仍存在一定的局限性,有待完善。本章使用系统动力学建模与仿真分析,侧重于分析政策和生产运营的影响关系,未来可以进一步研究关联企业转型的最优化决策。此外,企业的研发活动对积分状态具有较显著影响,对股权关联横向联盟中企业积分转让策略和生产决策的影响,有待进一步深入研究。

第7章

双积分政策对企业竞争力的影响研究

在推动经济发展的技术创新和产业升级过程中,作为市场主体的企业,面临着产品需求有限且软硬件基础设施不完善的局面,林毅夫等学者坚定认为,政府应有选择性地使用资源来帮助产业发展。在关注政策能否有效推动产业发展、实现预期目标的同时,企业的经营状况是否得到改善,企业在产业转型过程中竞争力获得提升还是被削弱,是关系产业可持续发展、政策可持续执行的重要问题。

汽车制造企业作为双积分政策的施政对象,被要求分别计算平均燃料消耗量积分与新能源汽车积分,前者取决于燃油汽车的实际燃油消耗量与政府所定目标值的差额,后者则在考虑新能源汽车续航里程性能的基础上,主要衡量新能源汽车的产量规模。在此双积分限额交易型政策下,企业唯有通过绿色技术创新提升车辆性能,或调整新旧车型的产量配比,方可实现双积分的平衡。双积分政策具有约束性与惩罚性,运行三年后的数据显示,2019 年我国新能源乘用车销售 106 万辆,连续五年位居世界首位,而行业平均油耗实际值达到 5.5 L/100 km,较 2016 年下降 10% 以上。政策效果显著的背后,汽车制造企业正在承受产业转型的经营压力。以上汽集团为例,2020 年绿色技术研发投入达 149.7 亿元,股权关联企业的新能源汽车总产量达 26 万辆,两项指标排名均列国内汽车集团首位,但上汽集团每股收益、净资产收益率已连续三年下滑,每股收益从 2018 年的 3.08 元下降至 2020 年的 1.75 元,净资产收益率为 −31.6%,公司经营与财务情况不容乐观。

企业是产业发展的承载者与实施主体,政府制定产业政策以期实现特定宏观目标的同时,政策的外部性对企业经营决策与业绩产生的影响,决定着企业的竞争力水平及其生死存亡,也直接影响着产业的可持续健康发展。关于汽车制造及向新能源汽车的转型升级,从供给面、环境面和需求面三个层面,现有政策研究主要关注政策的内在形式、作用机制及落实效果等(熊勇清、秦书锋,2018),尤其关注财税、补贴等政策工具的影响,以及需求侧的消费者意愿等。在政策的影响效应方面,产业政策对企业创新方面的影响受到较多关注(Schot & Steinmueller,2018;余明桂等,2016),但产业政策是否会对企业竞争力产生显著影响,相关研究较少,尤其是双积分政策这类将积分限额、交易与惩罚相结合的新型产业政策。以积分方式量化技术的能效特性并设置目标值,同时提供企业间正积分的交易机制,双积分政策必然会推动企业的绿色技术创新,加速新旧汽车业务的转型升级,而政策会如何影响企业的竞争力? 哪类企业的竞争力变化更显著? 这种影响是否会因企业所处发展周期的不同而存在差异? 在转型升级与生产结构调整的过程中,企业要保持竞争力优势,研发和生产上应该做何策略调整? 这些问题尚未从理论角度给予充分的解释,而政府部门在短期内实现汽车产业节能减排、绿色发展目标的同时,必须解决汽车企业经营与产业发展的长期性问题。

本章将围绕我国双积分政策的实施过程,选取乘用车和商用车整车制造企业作为实验组和对照组,应用双重差分模型,实证分析双积分政策对汽车企业竞争力的影响。在此基础上,基于企业产权性质和生命周期维度,检验政策效果的异质性,为政府完善双积分配套政策体系,营造良好制度环境提供参考依据,为企业的经营决策提供建议。

7.1　相关研究

梳理双积分政策相关的现有文献发现,从研究内容来看,学者们多结合补贴政策的替代效应,考虑供应链、公众感知、电池回收和充电基础设施等因素,从行业(Li et al. ,2019)、市场(Ou et al. ,2020;Ou et al. ,2018)、车企(Li et al. ,2020;张奇等,2020;Zhou et al. ,2019;Li et al. ,2018)和环境(He et al.,2020)等不同角度评估政策效果,分析政策的影响,预测政策规则的发展趋势(Li et al.,2020)。其中,围绕企业层面政策效应的研究相对较多,研究重点集中在企业的生产决策和最优利润,如 Li 等(2018)研究了补贴政策和双积分政策对车企生产布局的影响,认为只有在政府为企业提供补贴的情况下才不会出现抑制作用;Zhou 等(2019)通过分析双积分政策对供应链利润的影响发现,产品单位能耗值较低的车企获利更多。目前,针对双积分政策影响企业发展质量的研究相对较少,现有研究对该政策体系下企业竞争力的变化规律与特点尚缺乏理论解释。

从研究方法的角度看,较多学者采用构建决策模型的方式,通过假定条件、设置不同情景,数值分析双积分政策及其影响效应。例如,Ou 等(2018)在 NEOCC 模型中设置了替代政策情景,模拟双积分政策对行业利润的影响;Li 等(2018)建立博弈模型,通过在代数建模系统中编程,求解积分交易价格和厂商利润。但双积分政策框架体系复杂,涉及积分核算、年度间结转、关联企业转让和自由交易与定价等,现有建模研究一般仅考虑部分政策细节,欠缺采用实证方法分析政策效果及其影响。其中,李旭和熊勇清(2021)实证分析了双积分政策下汽车企业绿色技术创新投入规模、强度和结构的变化,发现政策对企业的研发投入具有促进作用。然而,该研究未考虑政策推动下的研发投入是否会影响企业经营质量,且该研究样本数据窗口仅包括政策实施前,关注重点在政策酝酿期,关于政策实施后的影响有待进一步研究。

关于双积分政策的影响,现有研究主要侧重于汽车制造企业的生产经营策略与绿色技术创新行为,因实施时间短,尚未针对政策影响企业绩效与竞争力开展深入研究。竞争力作为企业经营状况的综合体现,相关研究集中在企业内部特征、研发创新、企业责任和环境战略等不同视角下的竞争力变化(Guo & Lu,2021;Li et al.,2019;Zhu et al.,2019)。产业政策的实施会影响企业竞争力,其中政府直接投入要素的供给面政策,以及通过财税、法规管制间接推动产业发展的环境面政策,受到较多研究关注。供给面政策研究多考虑经济因素,如金碚和龚健健(2014)通过检验宏观经济对企业竞争力的影响,证实了偏紧型财政政策对企业竞争力有提升效果;程翔等

(2020)对科技金融政策进行了文本量化,发现科技金融政策与企业竞争力的呈正相关关系且具有滞后性。关于环境面政策的影响,学者们基于不同视角的观点存在分歧,Ederington(2010)认为环境管制使企业成本负担加重,会失去在同行业企业中的相对优势,抑制企业竞争力提升;Zhao等(2015)则指出,环境规制能够促进企业行为向绿色发展转变,进而增强企业竞争力,而 Luo 等(2021)发现碳排放交易制度通过鼓励低碳管理、节能减排行为,同样有利于提高企业成本竞争力。

综合国内外研究可以看出,因政策目标与作用机理不同,产业政策对企业绩效、创新与运营决策的影响存在明显差异。双积分政策设定平均燃料消耗量积分与新能源汽车积分达标值,要求汽车企业的年度积分抵偿归零,这与总量控制与配额交易机制相似,均具有经济刺激特性且附带约束性。与采用总量控制与配额交易机制的碳排放限额交易政策不同,双积分政策同时管理新旧两种技术,致力于实现旧技术增效限产、新技术增产提效,而非简单地抛弃旧技术、扶持新技术,是一种新型政策且内部机制复杂。该政策影响企业竞争力的现有研究解释力有限,理论机理与政策实践方面均有待进一步研究。

本章的贡献主要体现在三方面:第一,从企业竞争力的视角实证研究双积分政策的效果,检验政策实施过程中重要因素的异质性特征及具体机制,是对双积分政策现有理论研究体系的有益补充;第二,在企业层面,竞争力相关研究较多关注不同微观视角下的影响,针对同属传统制造与战略性新兴产业的汽车领域,本章围绕产业政策影响企业竞争力的研究,将丰富企业竞争力的相关理论;第三,从政策实践的角度,本章探讨了双积分政策下生产策略对竞争力的影响,研究结果对指导企业优化政策应对策略具有实际价值,对政府部门在统筹环境保护与产业发展目标的前提下,进一步完善双积分政策具有现实意义。

7.2　理论基础与研究假设

双积分政策及汽车企业应对策略框架如图 7-1 所示。CAFC 积分和

NEV 积分的核算规则作为该政策的核心机制,主要由达标值、实际值以及产量和进口量决定。如公式(7-1)至(7-4)所示,CAFC 积分计算取决于燃油汽车的实际油耗值与政府设定的目标值之间的差额,CAFC 实际值的大小受不同车型 NEV 对应乘数的影响,平均燃油消耗量要求发挥调节 CAFC 目标值的作用,该系数随政策收紧处于年度的动态变化之中,几年内从 128% 逐渐下降到 100%。与 CAFC 积分不同,NEV 积分实际值取决于 NEV 产量及其单位积分,而单位积分由车型及续航里程、整备质量等性能参数决定。NEV 积分达标值由 ICEV 的产量和政府设定的年度积分比例要求决定,未来几年将从 12% 逐年递增到 18%。根据上述政策规则,两种积分的实际值均表征汽车的技术性能和产量,决定了汽车企业追求政策达标的应对策略:绿色技术创新与业务绿色转型。企业通过技术研发可降低 ICEV 燃油消耗,减少 CAFC 负积分,增加单位 NEV 车型积分。与技术创新改善汽车性能指标的作用不同,ICEV 的减产和 NEV 的增产,即向绿色生产的转型,直接影响着双积分的正负数值。

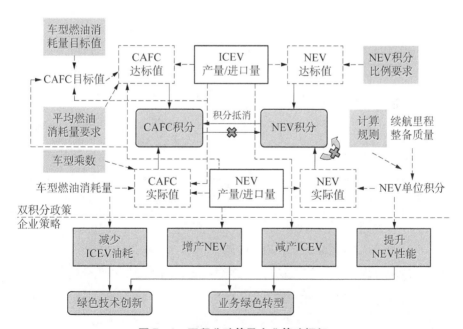

图 7-1　双积分政策及企业策略框架

$$CAFC\,积分 = (CAFC\,积分达标值 - CAFC\,积分实际值) \times$$
$$(NEV\,产量 + ICEV\,产量)$$

$$(7-1)$$

$$CAFC\,达标值 = \frac{\sum ICEV\,燃油消耗量目标值 \times ICEV\,产量}{\sum NEV\,产量 + ICEV\,产量} \times$$
$$平均燃油消耗量要求$$

$$(7-2)$$

$$CAFC\,实际值 = \frac{\sum ICEV\,燃油消耗量 \times ICEV\,产量}{\sum (乘数 \times NEV\,产量 + ICEV\,产量)} \qquad (7-3)$$

$$NEV\,积分 = NEV\,积分实际值 - NEV\,积分达标值$$
$$= \sum 单位\,NEV\,积分 \times NEV\,产量 - NEV\,比例要求 \times$$
$$\sum ICEV\,产量$$

$$(7-4)$$

企业核心竞争力提升和经营绩效增长是企业经营的主要目标,技术创新对提升企业竞争力有着重要作用。研发活动是实现企业创新的内在驱动力(Brown & Petersen,2010),企业的持续竞争优势主要来源于研发创新。已有学者通过研究证实,产业政策能通过信贷、税收、政府补助和市场竞争等方式激励企业扩大绿色技术创新规模,这种促进作用对于战略性新兴产业尤为明显(余明桂等,2016)。随着产业扩张,补贴政策难以持续地有效鼓励企业研发,激励原始创新成为改进产业政策的发展方向(周亚虹等,2015)。双积分政策作为税收优惠、政府补贴退坡后的新兴产业政策实施,表明新能源汽车产业的培育政策已经转变为市场驱动下的创新激励体系。

在双积分政策框架下,研发是实现 CAFC 积分和 NEV 积分由负转正的关键,ICEV 的油耗降低和 NEV 的续航里程提高都取决于企业的绿色技术创新(周钟等,2022)。为保持积分状况良好,企业也可以选择增加 NEV 的生产或减少 ICEV 的生产,在 NEV 转型过程中,随着新业务技术经验的积累,新技术的使用成本逐渐降低,技术学习效应凸显(Ma,2010),作为全球汽车产业的发展方向,新能源汽车领域生产经验的积累和成本的降低无疑将有助于提升企业竞争力。此外,盈余 NEV 正积分可自由交易的激励性,将进一步促使企业提高研发创新意愿,加速绿色业务转型以获取积分盈余,在积分交易市场建立竞争力优势,实现盈利目标。基于以上分析,本章提出以下假设。

假设 1:双积分政策对企业竞争力存在显著的影响。

假设 1a:绿色技术创新对双积分政策影响企业竞争力具有中介作用。

假设 1b:业务绿色转型对双积分政策影响企业竞争力具有中介作用。

不同所有权性质的企业其资源配置方式和效率不同,企业的创新激励效果也存在明显差异(李显君等,2018)。相较于民营企业,国有企业被认为是贯彻执行国家决策部署的重要力量,是引领国家经济发展的主导力量。作为促进汽车产业节能减排、绿色发展的重要举措,国有企业无疑会更加积极应对双积分政策,加大绿色技术创新规模,提升企业创新能力,掌握核心竞争力优势。此外,汽车产业是资本密集型产业,实现技术突破,布局新能源汽车新业务,既要长时间的系统验证,又要求大量资金投入。国有汽车集团具备资本积累优势,资源获取能力和风险承受能力强,更容易实现新能源汽车规模化效应,加速市场推广,实现良好的经营绩效表现。而民营企业面临金融歧视与资源劣势,资金投入规模具有不确定性,企业决策更加谨慎和保守,影响双积分政策下的经营绩效与竞争力提升。基于以上分析,进一步提出假设。

假设 2:企业产权性质在双积分政策影响企业竞争力的过程中发挥调节作用。

根据企业生命周期理论,处于不同生命周期阶段,企业的经营状况、现金流量以及投融资能力不同,会影响企业的创新意愿与研发能力。双积分政策传递了政府鼓励发展新能源汽车产业的积极信号,新兴产业与技术领域孕育着大量投资机会,同时也为企业技术创新指明了方向。成长期企业发展速度快,但新能源汽车是资金、人才与技术密集型产业,成长期企业资金不足,人才缺口和经验匮乏较明显,容易非理性投资,导致研发创新的风险较大,阻碍企业竞争力水平提升。相较而言,成熟期企业现金流充足,可通过研发创新在技术上建立竞争优势,同时较强的风险承担与持续经营能力有助于推动企业向新能源汽车的转型。而处于衰退期的企业,发展遇到瓶颈,盈利方式单一,利润增长缓慢,财务状况难以支撑新业务发展。企业一般倾向于改进原有的技术和产品,在突破性创新上投入不足,难以通过研发创新获取竞争优势,将逐渐被淘汰。基于以上分析,本章提出以下假设。

假设3:企业生命周期阶段在双积分政策影响企业竞争力的过程中发挥调节作用。

综上,本章构建了双积分政策影响企业竞争力的理论模型,如图 7-2 所示。

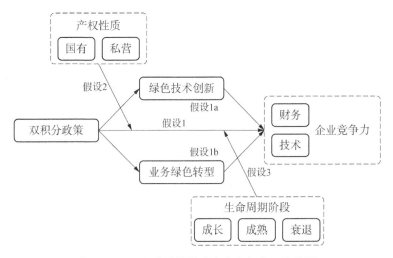

图 7-2 双积分政策影响企业竞争力理论模型

7.3 研究设计

7.3.1 样本选取与数据来源

双积分政策的施政对象为《汽车和挂车类型的术语和定义》中规定的乘用车,依据工业和信息化部发布的《2020 年度中国乘用车企业平均燃料消耗量与新能源汽车积分核算情况表》,总计 137 家企业参与积分核算,其中上海汽车、广州汽车、比亚迪、长安汽车等上市汽车集团在市场上占据较高的产量与积分资源比重,能反映政策影响下汽车产业发展的总体趋势。因此,本章选取积分公示表中大型汽车集团旗下的新能源整车制造企业作为实验组。此外,按企业主营业务分类,选取未受到政策影响的商用车整车企业作为对照组,总计 43 家企业作为研究初始样本。通过整理工业和信息化部于 2016—2020 年陆续发布的积分公示表,发现每年参与积分核算的汽车企业变动范围较小,因此可以确保实验组样本始终受到双积分政策的影响。将数据时间窗口定义为 2012—2020 年,政策出台时间 2017 年作为检验政策效果的分界点。为保持统计口径一致,涉及的上市公司相关经营数据均来自国泰安经济金融研究数据库(CSMAR)和各家公司年报。为消除数值差异与量纲影响导致的误差,防止异常值对研究结果的影响,对各连续变量做了离差标准化和 1% 的 Winsor 处理。

7.3.2　模型构建

双重差分模型是一种被广泛使用的政策评估工具。借鉴李旭和熊勇清 (2021)的研究,双积分政策实施可视为一项准自然实验,本章运用双重差分法评估双积分政策对企业竞争力的平均处理效应。构建政策虚拟变量 Treat,其中实验组取 1,对照组取 0;定义时间虚拟变量 Time,政策实施之前的年份取 0,实施之后的年份取 1。在此基础上,建立双重差分基准模型如下:

$$Y_{it} = \beta_0 + \beta_1 \times \mathrm{Time}_{it} \times \mathrm{Treat}_{it} + \sum_{i=2}^{n} \beta_j X_{jit} + \lambda_i + \mu_i + \varepsilon_{it} \quad (7-5)$$

式中,Y_{it} 表示企业竞争力,i 代表企业,t 代表年份,λ_i 表示控制个体固定效应,μ_i 表示控制年份固定效应,X 表示控制变量。借鉴以往研究,基于模型实际与数据可得性,交叉项 Time×Treat 表示政策效应,β_1 为本章主要关注的参数,β_j 为控制变量系数,β_0 为常数项,ε_{it} 为随机扰动项。为避免多重共线性,模型中不再加入实验期虚拟变量 Treat 和政策期虚拟变量 Time。

7.3.3 变量定义

1) 被解释变量

针对企业竞争力的度量,Fraj 等(2015)和周小刚等(2021)采用主观性评价方法,构建了包含企业产品独特性、盈利能力和危机期利润能力等题项的量表,但部分题项较难量化测度,难以满足聚合效度。金碚和龚健健(2014)以客观信息作为评价依据,采用代表企业资产获利能力的资产贡献率指标,反映企业竞争力水平。经营能力和盈利能力是企业竞争力水平的重要体现,仅选取财务指标作为衡量依据较为单一,导致相关理论研究中的实证支持不足,尤其是针对技术密集型产业。Hermundsdottir 和 Aspelund(2021)认为企业竞争力的衡量标准应覆盖价值创造、降低成本及非金融资产,资产回报率、利润增长率、生产率及质量是最常见的指标。在现有研究的基础上,本章考虑了企业竞争力的财务指标和产品性能指标,计算公式如下:

$$财务竞争力 = (利润总额 + 税金总额 + 利息支出) \div 平均资产总额 \times 100\%$$

$$(7-6)$$

$$技术竞争力 = 动力蓄电池组总能量 \div 纯电动续航里程 \qquad (7-7)$$

2) 解释变量

本章中的主要解释变量为政策虚拟变量 Treat 和时间虚拟变量 Time,样本中乘用车制造企业赋值为 1,商用车制造企业赋值为 0,政策实施时间 2017 年之前年份赋值为 0,当年及之后年份赋值为 1。

3) 中介变量

本章选用绿色技术创新与业务绿色转型作为中介变量。绿色技术创新变量的测度指标参考 Lu 等(2022)、薛晓珊等(2021)的研究,以世界知识产权组织发布的"国际专利分类绿色清单"(IPC Green Inventory)为依据,通过样本企业对应 IPC 分类号下的发明专利申请量来衡量。业务绿色转型采用新能源汽车产量作为衡量指标,并对各项数据进行对数化及标准化处理,检验双积分政策影响企业竞争力的中介作用机制。

4）控制变量

针对控制变量，参考关于企业竞争力的已有研究。本章借鉴 Guo 和 Lu（2021）、刘婷婷和高凯（2020）关于企业竞争力的研究，基于数据可得性与模型实际，分别选取两职合一、监事会规模等反映企业内部治理能力的指标以及成长能力、财务杠杆和企业规模等基本信息指标作为控制变量。此外，控制企业个体固定效应和年度固定效应。模型变量与指标选取如表 7-1 所示，主要变量的描述性统计结果如表 7-2 所示。从表中可以看出，不同新能源汽车整车上市公司之间的企业竞争力指标差异较小。

表 7-1　变量与指标选取

变量名称	变量含义	变量类型	计算方法
Acr	财务竞争力	被解释变量	资产贡献率＝（利润总额＋税金总额＋利息支出）÷平均资产总额×100%
Pc	技术竞争力		百千米电耗＝动力蓄电池组总能量÷纯电动续航里程
Time×Treat	政策效应	解释变量	样本组与年份的交叉项；Treat＝0 代表商用车企业，Treat＝1 代表乘用车企业；Time＝0 为双积分政策实施前，Time＝1 为双积分政策实施后
GTI	绿色技术创新	中介变量	研发投入金额取对数
GT	业务绿色转型		新能源汽车产量
Power	两职合一		董事长与总经理两职合一时取 1，否则取 0
Board	监事会规模		监事会人数
Separation	两权分离率	控制变量	实际控制人的控制权与所有权之差
Growth	成长能力		（营业收入本年本期金额－营业收入上年同期金额）÷营业收入上年同期金额
Lever	财务杠杆		负债总额÷资产总额
Scale	企业规模		资产总额取对数

表 7-2　核心变量描述性统计

变量名称	样本均值	标准差	最小值	最大值
Acr	0.058	0.065	−0.176	0.213

续 表

变量名称	样本均值	标准差	最小值	最大值
Pc	29.980	17.910	10.100	78.280
Power	0.125	0.332	0.000	1.000
Board	4.259	1.221	3.000	7.000
Separation	0.091	0.107	0.000	0.350
Growth	0.054	0.248	−0.707	0.970
Lever	0.649	0.148	0.375	0.975
Scale	24.230	1.287	21.500	27.550

7.4 实证结果与分析

7.4.1 双重差分估计结果

经相关性与内生性检验,企业竞争力指标与双积分政策考核的虚拟变量 Treat、Time 及其他变量之间均不存在高度的相关关系,各变量的方差膨胀因子(VIF)均远小于上限 10,说明回归结果不受共线性干扰,可以排除相关变量与误差项的相关关系。双重差分基准回归结果如表 7-3 所示。

表 7-3 基准模型回归结果

变量	Time× Treat	Power	Board	Separation	Growth
Acr	−0.0473***	−0.0624***	0.0210***	0.1250**	0.0800***
	(0.0146)	(0.0137)	(0.0053)	(0.0549)	(0.0154)
Pc	−5.0380**	−2.9920*	−1.0770	2.9840	−0.9510
	(2.2680)	(1.5550)	(0.9030)	(16.5900)	(1.4780)

变量	Lever	Scale	常数项	年度 固定效应	个体 固定效应	R^2
Acr	−0.3960***	0.0402	−0.7300	是	是	0.6790
	(0.0636)	(0.0292)	(0.6570)			

续　表

变量	Lever	Scale	常数项	年度 固定效应	个体 固定效应	R^2
Pc	−16.9100 (15.8700)	4.9620 (3.5740)	−66.7500 (80.2200)	是	是	0.3750

注: * 、* * 和 * * * 分别表示在 10%、5% 和 1% 的显著水平下显著,括号内的数字为稳健标准误,下同。

　　模型回归结果显示,加入控制变量并控制年度和个体固定效应之后,财务竞争力政策效应系数为 −0.0473,在 1% 的水平下显著,技术竞争力交互项系数为 −5.0380,在 5% 的水平下显著。分析结果表明,双积分政策实施后,与商用车企业相比,乘用车企业百千米耗电量平均降低 5.038 kW·h,技术竞争力提高,而企业的资产贡献率平均减少 4.73%,财务竞争力降低,证明假设 1 成立。观察控制变量进一步发现,监事会规模、两权分离率、成长能力和企业规模对企业的财务竞争力存在显著正向影响,其中两权分离率系数最大,表明企业实际控制人的控制权与所有权分离程度越大,企业越容易获取较大的财务竞争力优势;财务杠杆系数显著为负,说明资产负债率越高,财务竞争力水平越低。

7.4.2　双积分政策影响企业竞争力的中介机制分析

　　通过对双积分政策框架的分析,发现该政策能够促进汽车厂商增加绿色技术创新投入或向新能源汽车业务转型。为了验证双积分政策影响中国汽车企业竞争力的中介机制,根据公式(7-8)至(7-10)构建中介效应模型,其中 M_{it} 表示汽车企业 i 在 t 年的研发投资规模或 NEV 产量。

　　为检验双积分政策影响汽车制造企业竞争力的中介机制,本章参考温忠麟等(2004)归纳的方法,构建中介效应模型如下,其中 M_{it} 表示企业 i 第 t 年的绿色业务规模或绿色技术创新投入。

$$Y_{it} = \beta_0 + \beta_1 \times \text{Time}_{it} \times \text{Treat}_{it} + \sum_{i=2}^{n} \beta_j X_{jit} + \lambda_i + \mu_i + \varepsilon_{it} \quad (7-8)$$

$$M_{it} = \beta_0 + \beta_2 \times \text{Time}_{it} \times \text{Treat}_{it} + \sum_{i=2}^{n} \beta_j X_{jit} + \lambda_i + \mu_i + \varepsilon_{it} \quad (7-9)$$

$$Y_{it} = \beta_0 + \beta_3 \times \text{Time}_{it} \times \text{Treat}_{it} + \theta \times M_{it} + \sum_{i=2}^{n} \beta_j X_{jit} + \lambda_i + \mu_i + \varepsilon_{it}$$

$$(7-10)$$

具体检验程序如下。首先,进行双积分政策对企业竞争力的基本回归,前文已验证了主效应成立;其次,进行双积分政策对绿色业务规模、绿色技术创新投入规模影响效应的回归;最后,把双积分政策与绿色业务规模、绿色技术创新投入规模同时看作核心解释变量,对企业竞争力进行回归。

表7-4结果显示,双积分政策显著提升了企业新能源汽车产量,而未对绿色技术创新规模产生显著影响,说明假设1a不成立。因此本章只针对绿色业务规模指标进行中介效应检验。资产贡献率指标作为被解释变量时,绿色业务规模系数 θ 不显著,Sobel 检验未显著拒绝原假设。采用 Bootstrap 方法进一步检验,设置 500 次抽样次数,间接效应的系数在 95% 置信区间内为[-0.0063, 0.0175],说明不存在中介效应。百千米电耗指标作为被解释变量时,政策系数 β_3 和绿色业务规模系数 θ 均显著为负,且相比于式(7-9),此时的政策交互项系数 β_3 绝对值减小,说明在双积分政策对技术竞争力产生作用时,绿色业务规模存在部分中介效应,增产新能源汽车是双积分政策影响企业技术竞争力的理论路径之一,证明假设1b成立。

表7-4 双积分政策影响企业竞争力的中介效应

变量	GT (1)	GTI (2)	Acr (3)	Pc (4)
Time×Treat	0.1240**	0.1130	-0.0521***	-3.6690*
	(0.0537)	(0.1810)	(0.0143)	(2.0540)
GT			0.0388	-11.0000**
			(0.0252)	(4.7290)
控制变量	控制	控制	控制	控制
年度固定效应	是	是	是	是
个体固定效应	是	是	是	是

变量	GT	GTI	Acr	Pc
	(1)	(2)	(3)	(4)
R^2	0.4530	0.2280	0.6840	0.4010
Sobel 检验			0.0048	−1.3688*
			(0.0047)	(0.8291)

7.4.3　平行趋势检验

虽然 DID 方法发展较快,深受政策效应评估者的偏好,但运用此方法容易陷入误区,若简单地将该方法视为时间和事件两个虚拟变量交互项的回归,相关的经济学研究将失去实践指导意义(陈林、伍海军,2015)。平行趋势是使用 DID 最基本的前提条件,也是验证估计结果是否存在偏误的主要依据。若双积分政策实施之前,实验组与对照组之间的企业竞争力水平具有相同的变化趋势,则说明 DID 估计结果可靠。本章借助事件分析法检验平行趋势,在式(7-5)的基础上建立如下模型:

$$Y_{it} = \alpha + \sum_{K=-3}^{3} \beta_k \times D_{i,t_0+k} + \lambda_i + \mu_i + \varepsilon_{it} \qquad (7-11)$$

式中,D_{i,t_0+k} 是虚拟变量,t_0 表示政策实施当年,在第 t_0+k 年时若企业 i 受到政策影响取 1,否则取 0。具体来说,β_0 为双积分政策实施当年的效果,β_{-3} 到 β_{-1} 表示 2014—2016 年的政策实施效果,β_1 至 β_3 表示 2018—2020 年的政策实施效果。为避免完全共线性问题,选择政策实施前第 1 期作为模型的基准组。从图 7-3、图 7-4 的回归结果可以看出,在 95% 的置信水平下,β_{-3} 到 β_{-2} 显著为 0,说明在政策实施之前,实验组与对照组的变化趋势没有显著差异。在政策实施之后的第二年,财务竞争力系数显著为负,之后又回到 0 附近,在政策实施当年及之后,技术竞争力系数一直保持显著为负,可以得出平行趋势假设成立,证明双重差分模型适用于本研究。

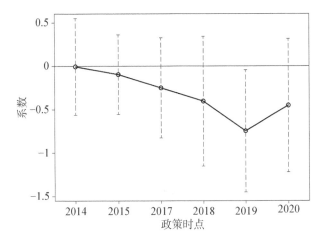

图 7-3   财务竞争力平行趋势检验

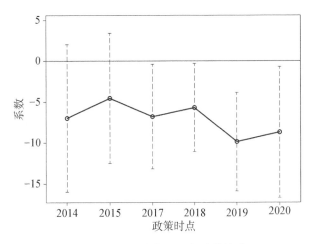

图 7-4   技术竞争力平行趋势检验

7.4.4   基于产权性质视角的检验

针对企业所有权性质对双积分政策作用效果的影响,分析结果如表 7-
5 所示。加入控制变量后,国有企业资产贡献率指标的交叉项系数在 10% 的
显著水平下显著为负,而民营企业的交叉项系数无法通过显著性检验。对
于百千米耗电量指标,国有企业的交叉项系数在 5% 的水平下显著为负,民

营企业的政策效应系数在 1% 的水平下显著为负,证明假设 2 成立。

表 7-5　企业产权性质对双积分政策作用效果的影响

变量	Panel A:国企		Panel B:民营	
	Acr	Pc	Acr	Pc
Time×Treat	−0.039 1*	−5.691 0**	0.001 2	−3.858 0***
	(0.019 1)	(2.286 0)	(0.030 3)	(0.819 0)
控制变量	控制	控制	控制	控制
年度固定效应	是	是	是	是
个体固定效应	是	是	是	是
R^2	0.614 9	0.431 4	0.866 0	0.885 0

　　由此说明,在双积分政策实施之后,国有企业的财务竞争力平均下降
3.91%,民营企业财务竞争力的影响效果不明显,两类企业的技术竞争力都得
到显著提高,国有企业的百千米耗电量指标降幅达到 5.691 kW·h/100 km,
产品性能提升效果优于民营企业。根据工业和信息化部发布的 2017—2020
年度《中国乘用车企业平均燃料消耗量与新能源汽车积分核算情况表》数
据,具有国资背景的乘用车生产企业其传统能源汽车产量普遍出现了下滑。
相比 2017 年,上汽集团和长安汽车 2020 年的产量降幅最为明显,均超过
35%。传统能源汽车产量保持基本稳定的一汽集团、广汽集团其新能源汽
车的产量增幅显著,分别从 2017 年的 500 余辆、6 000 余辆,提升至 2020 年
的超过 5 万辆、7 万辆。传统能源汽车的大幅减产,直接影响国有汽车企业
的营收与盈利,导致资产贡献率呈现下降趋势。

　　相较于国有企业逐步减产传统能源汽车、增产新能源汽车的策略,民营
企业在经营策略上更为务实,行为动机以追求利润为导向。比亚迪在新能
源汽车领域具备技术与产销量的先发优势,吉利汽车则快速捕捉政策信号,
在政策初期便迅速作出提升新能源汽车产量的反应,缓解了企业业务转型
的政策压力,资产贡献率指标变化较为平稳。为保持平均燃料消耗量积分
与新能源汽车积分状况良好,在积分交易市场抢先占据有利地位,企业在政
策实施初期持续投入研发资金,以优化车辆燃油经济性能,导致百千米耗电

量指标明显下降,而新能源汽车作为新兴技术,固定资产及设备、研发等投入高,回报周期较长,国有企业成立时间较长,具备发展战略性新兴产业的资本积累和资源整合优势,在政策支持下促进绿色技术创新,新能源汽车创新产出增速较快,因此产品性能的提升效果优于民营企业。

综合以上分析,双积分政策对不同产权性质企业竞争力的影响效果存在差异性,企业在政策推动下技术竞争力得到显著提升,对于国资企业的平均处理效应明显高于民营企业。国资企业财务竞争力受政策的影响被削弱,而民营企业则未受到显著影响,原因是企业应对双积分政策采取差异化的经营策略。

7.4.5 基于企业生命周期视角的检验

根据上文分析,企业因所处的生命周期阶段不同,资源配置方式与战略决策呈现不同的特征与倾向性,导致企业竞争力在产业政策影响下发生变化。基于此,本章借鉴谢佩洪和汪春霞(2017)的研究,选取经营活动现金流量、投资活动现金流量和筹资活动现金流量三个指标反映企业经营状况的差异,将企业生命周期划分为三阶段,划分方法如表7-6所示。

表7-6 企业生命周期阶段划分

阶段	成长期		成熟期				衰退期	
	初创	成长	成熟	动荡	动荡	动荡	衰退	衰退
经营现金净流量	−	+	+	−	+	+	−	−
投资现金净流量	−	−	−	−	+	+	+	+
筹资现金净流量	+	+	+		−	−	+	−

研究企业生命周期阶段对双积分政策作用效果的影响,回归结果如表7-7所示。针对资产贡献率指标,加入控制变量后,衰退期企业的政策效应系数估计值在1%的显著水平下显著为负,成长期和成熟期阶段政策效应系数虽为负,但未通过显著性检验,说明双积分政策降低了衰退期企业的财务竞争力,成长期和成熟期企业未受到显著影响;针对百千米耗电量指标,加入控制变量后,三个发展阶段企业的政策效应系数估计值均在1%的显著水

平下显著为负,说明成长期、成熟期和衰退期企业的技术竞争力受到双积分政策影响显著提高。从系数大小来看,成熟期企业的技术竞争力受到的影响最大,成长期和衰退期企业之间的影响差异较小,假设 3 得以验证。

表 7-7　生命周期阶段双积分政策作用效果的影响

变量	Acr			Pc		
	(1) 成长期	(2) 成熟期	(3) 衰退期	(1) 成长期	(2) 成熟期	(3) 衰退期
Time×Treat	−0.0313	−0.0044	−0.0652***	−6.3880***	−17.7600**	−6.4800***
	(0.0284)	(0.0430)	(0.0180)	(1.2390)	(6.5440)	(2.0330)
控制变量	控制	控制	控制	控制	控制	控制
年度固定效应	是	是	是	是	是	是
个体固定效应	是	是	是	是	是	是
R^2	0.6310	0.8330	0.9400	0.7940	0.4980	0.7570

可以看出,双积分政策实施之后,成长期企业发展势头旺盛,新能源汽车规模快速扩大,抗风险能力不断增强,各项经营指标变化稳定,技术创新效果明显。衰退期企业面临的技术和业务转型压力陡增,经营现金流被进一步压缩,财务状况入不敷出,研发创新意愿不强,导致企业以资产贡献率表征的财务竞争力水平严重下滑,产品性能指标提升较缓。相比之下,成熟期企业借助现金流充裕的优势,在研发上持续投入大量资本实施突破式创新,短期内技术竞争力提升幅度较大,由于传统能源汽车业务的盈利能力较强,即使业绩回暖速度缓慢,企业资产贡献率指标也未出现明显降幅。

7.4.6　企业策略机制检验

双积分政策对企业竞争力的作用效果受企业产权性质与生命周期阶段的影响,实质是企业经营与研发的差异性所致。在双积分政策体系下,企业被推动加快绿色业务转型,实现新能源汽车规模效应,或者企业必须加快绿色技术创新,通过提升传统能源汽车的燃油经济性能、新能源汽车的续航里程,弥补积分缺口,保持积分平衡。然而,研发创新投入带有风险性,新能源汽车市场需求的变化容易造成新产品的滞销,企业发展在动态环境中面临不确定性,研发和生产策略成为关键。由于上文研究结果已证明双积分政策未显著作用于企业的绿色技术创新规模,因此本章仅以绿色业务规模为衡量指标,检验生产策略对双积分政策与企业竞争力之间关系的影响。

表 7-8 显示,未加入政策变量时,绿色业务规模与资产贡献率指标的关系未通过显著性检验,说明以新能源汽车完全替代燃油汽车,短时间内难以被消费者普遍接受,企业销售利润未明显提升。绿色业务规模与百千米电耗指标在 5% 的显著性水平下呈现负相关关系,随着新能源汽车领域生产经验的积累,与之匹配的技术研发水平协同提升。加入政策变量后,政策与百千米电耗指标的关系未通过显著性检验,绿色业务规模与政策的交互项系数在 1% 的水平上显著为正,表明增产新能源汽车将削弱双积分政策对企业财务竞争力的负向影响。随着积分改革信号的释放,新能源汽车产销的规模效应逐渐显现,有利于企业达到政策合规,提高利润总额,获取财务竞争力优势。

表 7-8　新能源汽车生产策略机制检验

变量	Acr		Pc	
	(1)	(2)	(3)	(4)
Time×Treat		-0.0600^{***}		-3.2700
		(0.0138)		(2.1810)
GT	-0.0116	-0.1730^{***}	-14.5400^{**}	-0.3080
	(0.0315)	(0.0481)	(5.4100)	(6.1160)
Time×Treat×GT		0.2060^{***}		-10.4300
		(0.0401)		(6.7571)
控制变量	控制	控制	控制	控制
年度固定效应	是	是	是	是
个体固定效应	是	是	是	是
R^2	0.6230	0.7000	0.3790	0.4040

稳健性检验

7.5.1　反事实检验

采用双重差分法评估双积分政策效果时,重要的前提假设是若政策未实施,则实验组与控制组之间被解释变量的变动趋势随时间不存在显著系统差异。借鉴薛晓珊等(2021)的研究,本章采用反事实法来检验此假设,通过构建虚拟样本重新估计上述模型,判断实证结果的稳健性。从原控制组样本中,随机抽取部分企业作为新的实验组,剩余部分作为新的控制组,加入控制变量后估计结果。表 7-9 的 Panel A 显示,对随机抽取的两个新样本进行双向固定效应的双重差分估计,得到的交叉项系数均不再显著,表明去除双积分政策冲击后,实验组与对照组之间不存在企业竞争力的变化差异,从而说明本章基准估计结果具有较好的稳健性。

表 7-9　稳健性检验

	Panel A:反事实检验			
	样本 1		样本 2	
	Acr	Pc	Acr	Pc
Time×Treat	−0.0006	3.0810	0.0082	6.9840
	(0.0195)	(3.9200)	(0.0217)	(4.2720)
控制变量	控制	控制	控制	控制
年度固定效应	是	是	是	是
个体固定效应	是	是	是	是
R^2	0.5290	0.4230	0.5310	0.4550
	Panel B:改变政策前后时间窗			
	前后一年		前后两年	
	Acr	Pc	Acr	Pc
Time×Treat	−0.0326	−6.6540**	−0.0457***	−5.8790***
	(0.0213)	(2.4640)	(0.0138)	(1.9470)

续　表

	Panel B:改变政策前后时间窗			
	前后一年		前后两年	
	Acr	Pc	Acr	Pc
控制变量	控制	控制	控制	控制
年度固定效应	是	是	是	是
个体固定效应	是	是	是	是
R^2	0.6610	0.5410	0.6890	0.3330

7.5.2　改变政策前后时间窗的影响

本研究的数据时间窗口是 2014—2020 年,结果仅显示了政策冲击后的 2017—2020 年,相对于政策冲击前的 2014—2016 年所产生的平均处理效应,未反映不同时间段内的影响程度及差异。对此,本章借鉴董艳梅和朱英明(2016)的检验方法,分别取政策冲击前后 1 年、2 年为时间窗,检验实证结果的变化。表 7 - 9 的 Panel B 显示,改变时间区间,双积分政策对企业竞争力影响效应的方向未发生变化,无论样本取政策实施前后几年,双积分政策都降低了乘用车企业的财务竞争力,提升了乘用车企业的技术竞争力,证明了实证结果的稳健性。从时间变化来看,政策冲击前后一年间的财务竞争力交互系数估计值不显著,说明双积分政策对企业财务竞争力的影响效应存在一年滞后期,与双积分政策 2017 年 9 月公布、2018 年 4 月正式施行的时间点相符,在捕捉政策信号之后,企业较快通过技术创新做出响应。随着时间窗扩大,交叉项系数均在 1% 的水平下显著为负,相较于第一年,第二年两项指标的系数大小略有变化,说明随着政策逐年收紧,双积分对企业竞争力的影响将持续存在,年度间政策效果的差异性较小。

7.6　本章小结

双积分政策是作用于汽车制造创新价值链的一种新型产业政策,直接影响企业对新旧两种汽车技术的绿色创新与产量管理。经过近四年的实施运行,在汽车产业节能减排和新能源汽车生产推广预期目标基本实现的同时,双积分政策如何影响汽车制造企业的竞争力,是关系我国汽车产业长期健康发展的关键问题,也是双积分政策能否持续发挥产业发展指挥棒作用的基础问题,目前尚缺乏准确的理论解释。本章基于 2014—2020 年新能源汽车整车上市公司数据,应用双重差分模型,从企业竞争力视角实证分析了双积分政策的影响效应。

实证研究结果显示:①双积分政策对资产贡献率表征的财务竞争力存在负向影响,且该负向影响存在滞后效应,从政策实施后第二年开始,企业财务竞争力水平显著降低,随着政策收紧影响效果逐年递增。扩大绿色业务规模是双积分政策影响企业技术竞争力的理论路径之一,双积分政策通过刺激企业增产新能源汽车,显著提升了百千米电耗表征的企业技术竞争力。②区分企业产权性质发现,国有汽车企业普遍采取逐步减产传统能源汽车、增产新能源汽车的策略,减产导致营收下降和高额技术创新投入的两相作用,使得企业财务竞争力短期内下降明显,民营企业在技术和产销量上政策反应速度较快,财务竞争力未受到显著影响。在追求积分平衡的过程中,国有企业借助发展新兴技术的资本积累优势,技术竞争力指标提升效果优于民营企业。③双积分政策对衰退期企业的财务竞争力有显著降低作用。成长期企业研发转化率较高,生产规模增速较快,财务竞争力未受到显著影响。成熟期企业具备现金流优势,绿色技术创新投入比重较高,财务竞争力指标未出现明显降幅,且相比于其他发展阶段的企业,短期内技术竞争力提升幅度最大。④进一步检验企业生产策略机制发现,在双积分政策体系下,增产新能源汽车有利于削弱双积分政策对企业财务竞争力的负向影响,而未对技术竞争力的政策效果产生调节作用。

当前,我国新能源汽车年产销量不断提升、传统能源汽车平均油耗持续下降的良好态势,与汽车企业每股收益、净资产收益率等财务指标下滑的现状,正在形成矛盾的局面。2020 年 6 月,工业和信息化部牵头对双积分政策做了进一步修订,明确了 2021—2023 年新能源汽车积分比例要求,并对生产/供应低油耗车型的企业在核算新能源汽车积分达标值时给予核算优惠,国家正致力于通过产业政策实现"到 2025 年乘用车新车平均燃料消耗量达到 4.0 升/百千米、新能源汽车产销占比达到汽车总量 20％"的规划目标。在双积分政策度过政策宽松期、力度逐步加大的背景下,建议双积分失衡的汽车企业围绕新能源汽车布局产能,加快车型研发与投放,结合市场需求适度提升产量,缓解技术层面的政策合规压力,在短期内扭转积分失衡带来的经营风险,为新旧技术的转型争取主动权,并关注关联企业积分转让的政策调整风险。在此基础上,在保持财务状况健康的同时,建议汽车企业加大燃油汽车节能技术的绿色创新投入,充分利用修订政策在低油耗车型上给予的积分核算优惠。从政府角度,建议进一步完善新能源汽车的配套基础设施,适当加大面向新能源汽车消费终端的刺激政策,为汽车企业的转型发展提供外部环境。同时,根据平均燃料消耗量降低的幅度等级,考虑为企业配套差异化的研发补贴、研发项目资助等鼓励措施。

总结与展望

新旧动能转换是当前国家产业转型升级的关键,以燃油与新能源汽车产业为典型,企业所面临的并非简单的研发意愿欠缺或投入不够而导致的创新不足,其特点是作为旧技术的燃油汽车在需求和盈利方面处于优势,但燃油经济性带来的资源与环保压力与日俱增,面对当前过量的产能产量亟待增效减/限产。相对应的,新能源汽车作为产业发展趋势的新技术,补贴、优惠、限行等组合政策下仍需求有限,基础投入大而盈利缺乏,严重影响企业产能、产量资源分配的积极性。在创新驱动和需求拉动相互掣肘难以推进产业发展的背景下,政府政策成为打破困境、引导新技术新业态成长发展的关键。

在新能源汽车领域,在出台近50项国家政策的基础上,工业和信息化部于2017年发布《乘用车企业平均燃料消耗量与新能源汽车积分并行管理办法》。该产业政策以积分方式量化技术的能效特性并设置目标值,同时提供企业间正积分的交易机制。此类政策是否能起到旧技术增效限产、新技术增产提效的政策引导与惩罚约束作用,政策机理尚不清晰,作为市场主体的企业会如何反应而企业间会如何博弈,这些具有重要理论与实践价值的问题,有待系统深入地研究。

围绕双积分政策的上述问题,本研究采取先实证研究、后建模仿真、再实证研究的研究方案,重点探讨了双积分政策的作用机制、政策效果、单个企业的政策适应行为、企业间合作与博弈,最后实证分析了双积分政策对企业竞争力的影响。

　　关于双积分政策的作用机制,本研究从双积分的核算规则出发,构建了双积分政策机制与企业策略框架,运用双重差分模型,实证研究了双积分政策影响下汽车制造企业的绿色技术创新和业务绿色转型,并探讨分析了股权性质与冗余资源的调节作用。研究结果表明,双积分政策对推动企业向新能源汽车的绿色转型存在显著的正向作用,但对企业的绿色技术创新策略无明显影响。股权性质对政策引导国有汽车制造企业增加绿色技术创新投入与提升新能源汽车产量规模均具有显著的正向调节作用,但未对其经营重心产生影响。股权性质对政策推动民营汽车制造企业增加绿色技术创新投入无明显调节作用,对提升新能源汽车产量与业务转型具有明显的正向调节作用。非沉淀性冗余资源对政策促进企业绿色转型存在负向调节作用,而沉淀性冗余资源对政策影响企业的绿色技术创新投入具有负向调节作用,对绿色转型策略没有明显影响。

　　双积分政策并非孤立施行,而是同财税、补贴等政策存在叠加。考虑补贴为代表的需求刺激政策,本研究在解读双积分政策框架的基础上,通过分析政策与企业运营间的因果回路关系,构建了双积分政策影响企业运营的系统动力学模型,重点研究了政策组合下的双积分政策实施效果。以主要施政对象为典型案例的多情景研究显示,实施新能源汽车需求端的刺激政策,会显著激励企业增产新能源汽车,随着力度加强,刺激政策促进企业超额增产新能源汽车的动力会减弱,即双积分政策框架下的需求刺激对企业的新能源汽车扩产决策存在逐渐弱化的效应。新能源汽车需求端刺激政策的实施,在强化双积分政策扶持新产业发展的功能的同时,会挤出双积分政策限制旧产业发展的功能,即企业削减传统燃油汽车产量的意愿会减弱。在传统燃油汽车需求较高时,组合推行新能源汽车需求端刺激政策,对新能源汽车产业的推动作用更强。而当传统燃油汽车需求较低时,新能源汽车需求刺激政策力度加大,企业压缩传统燃油汽车减产规模的幅度更大,挤出效应更为明显。但总体上,传统燃油汽车需求变化影响企业新能源汽车运营决策的程度较弱。

　　关于双积分政策下单个企业的政策适应行为,基于上述系统动力学模型,多情景仿真结果表明,在传统能源汽车与新能源汽车领域,若技术的性能指标未达到目标值而导致积分为负,通过研发投入降低燃料消耗量实际值或提高新能源汽车续航里程以增加车型积分,是实现积分负值转正的关键。通过调整产能利用率乃至产能的方式,降低传统能源汽车的产量或者增加新能源汽车的产量,仅能在短期内控制负积分的数值,在新能源汽车整体销售疲软的背景下,相应造成的盈利下降将导致企业研发投入不足,并非负积分管理的长期有效办法。此外,外部的市场需求和内部的研发学习效应会影响产业政策的施行效果:产品需求旺盛的企业产销经营情况良好,在产业政策推动下企业投入技术研发的资金更充裕,燃料消耗量实际值下降明显,积分相对更早地实现由负转正;研发学习效应相对不显著的企业,平均燃料消耗量实际值逼近达标值所需要的时间变久,将受持续周期更长的产业政策影响,但推动研发从而提升燃油经济性的政策效果更佳。换角度理解,产业政策将在一定程度上促使市场需求弱、研发效率低的企业退出,推进汽车产业的资源整合。

关于双积分政策下企业间的合作与博弈,由于双积分政策允许积分在股权关联企业间转让,间接推动形成了以积分为载体的股权关联横向联盟。本研究基于 Agent 思想描绘股权关联横向联盟的内部结构与交互特点,针对 Agent 单一主体,采用系统动力学建模方法,建立双积分政策影响下的乘用车制造企业技术管理、生产运营和积分结算模型。选择上海汽车集团作为典型案例和数据来源,通过调节企业策略、政策指标,设置多种对比研究情景,仿真分析横向联盟中合资企业的"搭便车"行为和中资企业的策略选择,并进一步探讨政策改进与企业优化决策。研究表明,股权关联横向联盟中的中资车企,通过积极向新能源汽车转型,具备较好的积分状态,将盈余积分低价甚至无偿转让给联盟中的两家合资车企,尽管积分出售收入的减少不利于自身的营收表现,但母公司中资集团的整体绩效反而会受益。股权关联企业之间的积分转让,使得向新能源汽车缓慢转型企业的积分压力得到缓解,积分"搭便车"情况会导致联盟成员企业的延迟转型,燃油汽车快速减产对财务的负面影响得到改善,使得中资集团的整体绩效在短期内得以提升。中资车企的转型程度越高,向股权关联企业的积分转让比例越高,中资集团的整体绩效越好,但合资车企的"搭便车"行为会对中资车企的决策形成牵制。

双积分政策推动汽车产业节能减排、绿色发展的效果初步显现,汽车企业正在承受减产传统燃油汽车、增产新能源汽车的转型压力。政策影响下的企业竞争力变化,对于企业发展和政策效果的可持续性都有重要意义。因此,本研究重点关注了双积分政策影响下的企业竞争力变化问题。分别选取乘用车企业和商用车企业作为样本组,应用双重差分模型的实证研究结果表明,双积分政策对资产贡献率表征的企业财务竞争力存在负向影响,对百千米电耗表征的企业技术竞争力存在正向影响,增产新能源汽车对双积分政策影响企业技术竞争力具有中介作用。从产权性质的角度分析,民营汽车企业的财务竞争力未发生显著变化,国有汽车企业的财务竞争力短期内下降明显,技术竞争力指标提升效果优于民营企业。从企业生命周期的角度分析,衰退期企业的财务竞争力下降显著,成熟期企业的绿色技术创新资本比重较高,技术竞争力提升幅度最大。针对企业生产策略的检验发现,提高新能源汽车产量有利于削弱双积分政策对财务竞争力的负向影响,而未对技术竞争力的政策效果产生调节作用。

从政策制定者的角度出发,建议政府关注汽车企业的绿色技术创新支出,与企业的双积分政策执行绩效挂钩,适度增加围绕汽车核心技术领域的研发项目资助与技术改造补助,适度加强研发费用加计扣除等面向研发环节的税收优惠政策,鼓励企业持续研发突破。此外,政府在逐步提升双积分政策强度的同时,应注重需求侧政策体系的设计与完善,为企业绿色转型提供市场环境,贯通汽车产品从生产到销售的生命周期,形成供给创造需求、需求牵引供给的汽车产业动态平衡。

从企业的角度分析,车企作为施政对象和决策主体,应充分平衡经营现状与积分状况,制定合适的短期业务布局与长期研发创新策略。因积分不合规导致经营压力的企业,应进行短期业务调整,加快新能源车型投放,通过提升产量协调积分比例,减轻政策带来的压力;经营状况良好,但主营业务偏向传统燃油汽车的企业,应积极迎合力度逐年加强的双积分政策,加快研发或引进节能技术,兼顾绿色发展理念,推动新能源汽车布局,形成良性的可持续绿色发展趋势;冗余资源较多的企业,应着眼于研发创新的长期效益,降低内部对旧业务的依赖,破除管理者对短期收益策略的决策陷阱,进行探索式创新,形成未来新能源汽车市场的竞争优势。

在推动我国汽车产业迈向全球价值链中高端并积极参与全球竞争的背景下,致力于促进汽车产业节能减排、绿色发展的双积分政策,具有特殊的时代性,承载了重要的产业提升与发展功能。同时,该政策兼顾吸收了1975年美国国家公路交通和安全管理局与环境保护署共同制定的 CAFE 标准和1990年美国加州出台的 ZEV 法规,同时管理传统燃油汽车和新能源汽车两项技术及其产业化,并允许积分年度结转、关联企业间转让和多余新能源汽车正积分的自由交易,具有计算规则和核算机制复杂的显著特点。

本书系统研究了双积分政策的作用机制、政策效果、单个企业的政策适应行为、企业间合作与博弈,以及政策对企业竞争力的影响,所获得的研究成果是对积分限额交易型产业政策理论体系的丰富与完善,有助于进一步从新旧技术管理和新旧产能转换方向拓展产业政策的理论内涵。研究成果同样具有重要的实践价值,能够为政策内容细化与优化改进提供坚实基础,从而致力于实现旧技术增效限产、新技术增产提效等产业发展目标,协助落后产能向新技术产能转化,助力我国汽车产业加快迈向全球价值链中高端。同时,围绕新旧技术的研发管理、新旧技术的产能产量分配、股权关联企业间的合作与博弈等,研究成果将为双积分政策影响下汽车制造企业的优化决策提供科学建议。

参考文献

［1］曹裕,熊寿遥,易丹.碳减排环境下绿色供应商选择与订单分配问题研究[J].财经理论与实践,2016,37(4):118-123.

［2］曹裕,易超群,万光羽.基于"搭便车"行为的双渠道供应链库存竞争和促销策略[J].中国管理科学,2019,27(7):106-115.

［3］常香云,朱慧赟.碳排放约束下企业制造/再制造生产决策研究[J].科技进步与对策,2012,29(11):75-78.

［4］陈林,伍海军.国内双重差分法的研究现状与潜在问题[J].数量经济技术经济研究,2015,32(7):133-148.

［5］陈晓红,曾祥宇,王傅强.碳限额交易机制下碳交易价格对供应链碳排放的影响[J].系统工程理论与实践,2016,36(10):2562-2571.

［6］程翔,张瑞,张峰.科技金融政策是否提升了企业竞争力?——来自高新技术上市公司的证据[J].经济与管理研究,2020,41(8):131-144.

［7］程永伟,穆东.双积分制下汽车生产商生产决策优化[J].系统工程理论与实践,2018,38(11):99-112.

［8］邓新明.我国民营企业政治关联、多元化战略与公司绩效[J].南开管理评论,2011,14(4):4-15,68.

［9］丁志刚,徐琪.碳限额与交易政策下供应链低碳技术投资时机研究[J].北京理工大学学报(社会科学版),2015,17(5):9-14.

［10］董艳梅,朱英明.高铁建设能否重塑中国的经济空间布局——基于就业、工资和经济增长的区域异质性视角[J].中国工业经济,2016,

(10):92-108.

[11] 郭强,柳娟,应松宝,等.碳配额交易下制造商低碳技术选择策略研究[J].工业工程与管理,2018,23(4):45-52,61.

[12] 郭旭,孙晓华,徐冉.论产业技术政策的创新效应:需求拉动,还是供给推动?[J].科学学研究,2017,35(10):1469-1482.

[13] 吉利汽车控股有限公司.吉利汽车控股有限公司年度报告2019[EB/OL].(2020-03-30)[2021-08-30].http://www.geelyauto.com.hk/core/files/financial/sc/2019-02.pdf.

[14] 蒋伏心,王竹君,白俊红.环境规制对技术创新影响的双重效应——基于江苏制造业动态面板数据的实证研究[J].中国工业经济,2013(7):44-55.

[15] 蒋雨珊,李波.碳管制与交易政策下企业生产管理优化问题[J].系统工程,2014,32(2):150-153.

[16] 颉茂华,王瑾,刘冬梅.环境规制、技术创新与企业经营绩效[J].南开管理评论,2014,17(6):106-113.

[17] 金碚,龚健健.经济走势、政策调控及其对企业竞争力的影响——基于中国行业面板数据的实证分析[J].中国工业经济,2014,(3):5-17.

[18] 金刚,沈坤荣.以邻为壑还是以邻为伴?——环境规制执行互动与城市生产率增长[J].管理世界,2018,34(12):43-55.

[19] 康凯,普玮,马艳芳,等.模糊随机环境下考虑碳限额和碳交易机制的库存配送问题研究[J].工业技术经济,2017,36(9):47-57.

[20] 李肆,战建华.中国新能源汽车产业的政策变迁与政策工具选择[J].中国人口·资源与环境,2017,27(10):198-208.

[21] 李强,丁春林.环境规制、空间溢出与产业升级——来自长江经济带的例证[J].重庆大学学报(社会科学版),2019,25(1):17-28.

[22] 李绍萍,李悦.新能源汽车企业R&D投入与税收政策的关联关系[J].技术经济,2016,35(4):32-36.

[23] 李卫兵,刘方文,王滨.环境规制有助于提升绿色全要素生产率吗?——基于两控区政策的估计[J].华中科技大学学报(社会科学

版),2019,33(1):72-82.

[24] 李显君,王巍,刘文超,等. 中国上市汽车公司所有权属性、创新投入与企业绩效的关联研究[J].管理评论,2018,30(2):71-82.

[25] 李晓翔,刘春林. 冗余资源与企业绩效关系的情境研究——兼谈冗余资源的数量变化[J].南开管理评论,2011,14(3):4-14.

[26] 李旭,熊勇清. "双积分"政策对新能源车企研发投入的影响分析[J].科学学研究,2021,39(10):1770-1780.

[27] 刘丛,刘洁,邵路路,等. "双积分"政策下新能源汽车制造商激励供应商创新的契约选择研究[J].管理学报,2022,19(6):928-937.

[28] 刘宏笪,孙华平,张茜. 中国新能源汽车产业政策演化及执行阻滞分析——兼论双积分政策的协同实施[J].管理现代化,2019,39(4):41-46.

[29] 刘兰剑,宋发苗. 国内外新能源汽车技术创新政策梳理与评价[J].科学管理研究,2013,31(1):66-70.

[30] 刘名武,樊文平,许以撒. 碳交易政策下零售商持股制造商减排投资决策[J].工业工程与管理.2017,22(4):40-48.

[31] 刘名武,万谧宇,付红. 碳交易和低碳偏好下供应链低碳技术选择研究[J].中国管理科学,2018,26(1):152-162.

[32] 刘名武,万谧宇,吴开兰. 碳交易政策下供应链横向减排合作研究[J].工业工程与管理,2015,20(3):28-35.

[33] 刘胜强,刘星. 股权结构对企业 R&D 投资的影响——来自制造业上市公司 2002—2008 年的经验证据[J].软科学,2010,24(7):32-36.

[34] 刘婷婷,高凯. 产业政策如何影响长三角地区企业竞争力?[J].产业经济研究,2020(1):71-83.

[35] 刘亚婕,董锋. 政府参与下新能源汽车企业间协同创新的竞合策略研究[J].研究与发展管理,2022,34(5):136-148.

[36] 娄昌龙,冉茂盛. 融资约束下环境规制对企业技术创新的影响[J].系统工程,2016,34(12):62-69.

[37] 卢超,尤建新,戎珂,等. 新能源汽车产业政策的国际比较研究[J].科

研管理，2014，35(12)：26－35.

[38] 罗党论，甄丽明. 民营控制、政治关系与企业融资约束——基于中国民营上市公司的经验证据[J]. 金融研究，2008. (12)：164－178.

[39] 马亮，仲伟俊，梅姝娥. 基于续航能力需求的新能源汽车产业链补贴策略研究[J]. 系统工程理论与实践，2018，38(7)：1759－1767.

[40] 马少超，范英. 基于时间序列协整的中国新能源汽车政策评估 [J]. 中国人口·资源与环境，2018，28(4)：117－124.

[41] 毛其淋，许家云. 政府补贴、异质性与企业风险承担[J]. 经济学季刊，2016，15(4)：1533－1562.

[42] 潘林，马士华，冷凯君，等. 考虑需求交叉弹性的多对一型供应链中制造商联盟定价决策问题[J]. 管理评论，2021，33(10)：313－324.

[43] 任胜钢，项秋莲，何朵军. 自愿型环境规制会促进企业绿色创新吗？——以 ISO14001 标准为例[J]. 研究与发展管理，2018，30(6)：1－11.

[44] 申慧慧，于鹏，吴联生. 国有股权、环境不确定性与投资效率[J]. 经济研究，2012，47(7)：113－126.

[45] 沈能，刘凤朝. 高强度的环境规制真能促进技术创新吗？基于"波特假说"的再检验[J]. 中国软科学，2012 (4)：49－59.

[46] 宋马林，王舒鸿. 环境规制、技术进步与经济增长[J]. 经济研究，2013，48(3)：122－134.

[47] 孙晓华，郭旭，王昀. 政府补贴、所有权性质与企业研发决策[J]. 管理科学学报，2017，20(6)：18－31.

[48] 唐金环，杨芳，徐家旺，等. 双积分制下考虑消费者偏好的二级汽车供应链生产与定价问题研究[J]. 工业工程与管理，2021，26(1)：121－129.

[49] 唐金环，杨芳，徐家旺. 双积分政策下考虑供需两侧驱动的汽车企业制造决策优化 [J]. 系统工程，2020，38(4)：59－68.

[50] 王国印，王动. 波特假说、环境规制与企业技术创新——对中东部地区的比较分析[J]. 中国软科学，2011(1)：100－112.

[51] 王薇，刘云. 基于内容分析法的我国新能源汽车产业发展政策分析

[J].科研管理,2017,38(S1):581-591.

[52] 王亚妮,程新生.环境不确定性、沉淀性冗余资源与企业创新——基于中国制造业上市公司的经验证据[J].科学学研究,2014,32(8):1242-1250.

[53] 卫舒羽,肖鹏.税收优惠、财政补贴与企业研发投入——基于沪深A股上市公司的实证分析[J].税务研究,2021(5):40-46.

[54] 温忠麟.张雷,侯杰泰,等.中介效应检验程序及其应用[J].心理学报,2004(5):614-620.

[55] 伍格致,游达明.环境规制对技术创新与绿色全要素生产率的影响机制:基于财政分权的调节作用[J].管理工程学报,2018,33(1):37-50.

[56] 肖旦,周永务,史欣向,等.分销供应链中零售商横向竞争下采购联盟的稳定结构[J].中国管理科学,2017,25(4):33-41.

[57] 谢佩洪,汪春霞.管理层权力、企业生命周期与投资效率——基于中国制造业上市公司的经验研究[J].南开管理评论,2017,20(1):57-66.

[58] 谢青,田志龙.创新政策如何推动我国新能源汽车产业的发展:基于政策工具与创新价值链的政策文本分析[J].科学学与科学技术管理,2015,36(6):3-14.

[59] 熊勇清,秦书锋.新能源汽车供需双侧政策的目标用户感知满意度差异分析[J].管理学报,2018,15(6):874-883.

[60] 徐建中,王曼曼.绿色技术创新、环境规制与能源强度——基于中国制造业的实证分析[J].科学学研究,2018,36(4):744-753.

[61] 许明星,李雪琴.双向搭便车行为下双渠道供应链统一定价和服务决策[J].山东大学学报(理学版),2022,57(9):55-70.

[62] 薛晓珊,方虹,杨昭.新能源汽车推广政策对企业技术创新的影响研究——基于PSM-DID方法[J].科学学与科学技术管理,2021,42(5):63-84.

[63] 于潇宇,庄芹芹.政府补贴对我国高技术企业创新的影响——以信息技术产业上市公司为例[J].技术经济,2019,38(4):15-22.

[64] 于晓辉,叶兆兴,李敏. 补贴退坡—双积分政策下两级供应链生产决策优化分析 [J]. 运筹与管理, 2021, 30(3): 42-49.

[65] 余明桂,范蕊,钟慧洁. 中国产业政策与企业技术创新 [J]. 中国工业经济, 2016, (12): 5-22.

[66] 曾伟,王瑶池,周洪涛. 碳限额与交易机制下供应链运作优化研究 [J]. 管理工程学报, 2015, 29(3): 199-206.

[67] 张爱凤,官振中,何三明. 存在双向搭便车的双渠道最优定价与服务水平决策 [J]. 系统工程学报, 2022, 37(4): 509-521.

[68] 张成,陆旸,郭路,等. 环境规制强度和生产技术进步 [J]. 经济研究, 2011, 46(2): 113-124.

[69] 张焕勇,李宇航,韩云霞. 碳限额与交易机制下企业再制造生产决策研究 [J]. 软科学, 2018, 32(6): 87-91.

[70] 张奇,李曜明,唐岩岩,等. 新能源汽车双积分政策对生产商策略与社会福利影响研究 [J]. 系统工程理论与实践, 2020, 40(1): 150-169.

[71] 张永安,周怡园. 新能源汽车补贴政策工具挖掘及量化评价 [J]. 中国人口·资源与环境, 2017, 27(10): 188-197.

[72] 张正,孟庆春,张文姬. 技术创新情形下考虑政府补贴的供应链价值创造研究 [J]. 软科学, 2019, 33(1): 39-44.

[73] 郑吉川,赵骅,李志国. 双积分政策下新能源汽车产业研发补贴研究 [J]. 科研管理, 2019, 40(2): 126-133.

[74] 周建亨,赵瑞娟. 搭便车效应影响下双渠道供应链信息披露策略 [J]. 系统工程理论与实践, 2016, 36(11): 2839-2852.

[75] 周晶淼,武春友,肖贵蓉. 绿色增长视角下环境规制强度对导向性技术创新的影响研究 [J]. 系统工程理论与实践, 2016, 36(10): 2601-2609.

[76] 周柯,王尹君. 环境规制、科技创新与产业结构升级 [J]. 工业技术经济, 2019, 38(2): 137-144.

[77] 周小刚,陈水琳,李丽清. 大数据能力、技术创新与人力资源服务企业竞争力关系研究 [J]. 管理评论, 2021, 33(7): 81-91.

[78] 周亚虹,蒲余路,陈诗一,等. 政府扶持与新型产业发展——以新能源为例[J]. 经济研究,2015,50(6):147-161.

[79] 周钟,陈嘉辉,陈智高. 考虑需求刺激的双积分政策效果研究:基于 SD 建模的多情景分析[J]. 系统工程,2022,40(2):60-69.

[80] ADAMS J, CLARK M, EZROW L, et al. Are niche parties fundamentally different from mainstream parties? the causes and the electoral consequences of western European parties' policy shifts, 1976-1998 [J]. American Journal of Political Science, 2006, 50(3): 513-529.

[81] ANDERSON E G, LEWIS K. A dynamic model of individual and collective learning amid disruption[J]. Organization Science, 2014, 25(2):356-376.

[82] ARROW K J. Economic welfare and the allocation of resources for invention[M]. New Jersey: Princeton University Press, 1962.

[83] BROEKEL T, FORNAHL D, MORRISON A. Another cluster premium: innovation subsidies and R&D collaboration networks [J]. Research Policy, 2015, 44(8): 1431-1444.

[84] BROWN J R, PETERSEN B C. Cash holdings and R&D smoothing [J]. Journal of Corporate Finance, 2010, 17(3):694-709.

[85] BRUNNERMEIER S B, COHEN M A. Determinants of environmental innovation in US manufacturing industries[J]. Journal of Environmental Economics and Management, 2003, 45(2) : 278-293.

[86] CARLEY S, SIDDIKI S, NICHOLSON-CROTTY S. Evolution of plug-in electric vehicle demand: assessing consumer perceptions and intent to purchase over time [J]. Transportation Research Part D: Transport and Environment, 2019(70): 94-111.

[87] CHAI Q, XIAO Z, LAI K, et al. Can carbon cap and trade mechanism be beneficial for remanufacturing? [J]. International Journal of Production Economics, 2018(203): 311-321.

[88] CHAN N W, MORROW J W. Unintended consequences of cap-and-trade? evidence from the regional greenhouse gas initiative [J]. Energy Economics, 2019(80): 411 – 422.

[89] CHEN K, ZHAO F, HAO H, et al. Hierarchical optimization decision-making method to comply with China's fuel consumption and new energy vehicle credit regulations[J]. Sustainability, 2021, 13(14): 7842.

[90] CHEN Y, YAO Z, ZHONG K. Do environmental regulations of carbon emissions and air pollution foster green technology innova-tion: evidence from China's prefecture-level cities[J]. Journal of Cleaner Production, 2022(350): 131537.

[91] DIMOS C, PUGH G. The effectiveness of R&D subsidies: a meta-regression analysis of the evaluation literature[J]. Research Policy, 2016, 45(4): 797 – 815.

[92] DU S, HU L, SONG M. Production optimization considering enviro-nmental performance and preference in the cap-and-trade system[J]. Journal of Cleaner Production, 2016(112): 1600 – 1607.

[93] DUSSAUGE P, GARRETTE B, MITCHELL W. Asymmetric perfo-rmance: the market share impact of scale and link alliances in the global auto industry[J]. Strategic Management Journal, 2004, 25(7): 701 – 711.

[94] EDERINGTON J. Should trade agreements include environmental policy? [J]. Review of Environmental Economics and Policy, 2010, 4(1): 84 – 102.

[95] FAN R, DONG L. The dynamic analysis and simulation of govern-ment subsidy strategies in low-carbon diffusion considering the beha-vior of heterogeneous agents[J]. Energy Policy, 2018(117): 252 – 262.

[96] FLOR C R, MORITZEN M R. Entering a new market: market pro-fitability and first-mover advantages [J]. Journal of Corporate Finance, 2020(62): 101604.

[97] FRAJ E,MATUTE J,MELERO L. Environmental strategies and organizational competitiveness in the hotel industry: the role of learning and innovation as determinants of environmental success [J]. Tourism Management, 2015(46):30-42.

[98] FRANCO C,MARIN G. The effect of within-sector, upstream and downstream environmental taxes on innovation and productivity[J]. Environmental and Resource Economics, 2017(66): 261-291.

[99] GAO H,YANG J,YIN H,et al. The impact of partner similarity on alliance management capability, stability and performance: Empirical evidence of horizontal logistics alliance in China[J]. International Journal of Physical Distribution & Logistics Management,2017, 47(9): 906-926.

[100] GAO Y,HU Y,LIU X,et al. Can public R&D subsidy facilitate firms' exploratory innovation? the heterogeneous effects between central and local subsidy programs[J]. Research Policy, 2021, 50(4): 104221.

[101] GEIGER S W,MAKRI M. Exploration and exploitation innovation process: the role of organizational slack in R&D intensive firms[J]. Journal of High Technology Management Research, 2006, 17(1): 97-108.

[102] GOULDER L H, SCHEIN A. Carbon taxes vs. cap and trade: a critical review[J]. Climate Change Economics,2013(11):1350010.

[103] GRECO M, GRIMALDI M, CRICELLI L. Hitting the nail on the head: exploring the relationship between public subsidies and open innovation efficiency [J]. Technological Forecasting and Social Change, 2017(118): 213-225.

[104] Guan X,Liu B,Chen Y,et al. Inducing supply chain transparency through supplier encroachment [J]. Production and Operations Management, 2020, 29(3): 725-749.

[105] GUIDO W,JEFFREY M. Recent developments in the econometrics

of program evaluation[J]. Journal of Economic Literature, 2009, 47(1): 5 – 86.

[106] GUO H, LU W. The inverse U-shaped relationship between corporate social responsibility and competitiveness: evidence from Chinese international construction companies[J]. Journal of Cleaner Production, 2021(295): 126374.

[107] HAMAMOTO M. Environmental regulation and the productivity of Japanese manufacturing industries [J]. Resource and Energy Economics, 2006, 28(4): 299 – 312.

[108] Haskel J, Westlake S. Capitalism without capital: the rise of the intangible economy [M]. Princeton: Princeton University Press, 2017.

[109] HE H, ZHANG C, LI S, et al. Dual-credit price variation and optimal electrification timing of traditional automakers: a dynamic programming approach [J]. Journal of Cleaner Production, 2022 (353): 131593.

[110] HE X, OU S, GAN Y, et al. Greenhouse gas consequences of the China dual credit policy[J]. Nature Communications, 2020, 11(1): 1 – 10.

[111] HERMUNDSDOTTIR F, ASPELUND A. Sustainability innovations and firm competitiveness: a review[J]. Journal of Cleaner Production, 2021(280):124715.

[112] HONG J, FENG B, WU Y, et al. Do government grants promote innovation efficiency in China's high-tech industries? [J]. Technovation, 2016(57/58):4 – 13.

[113] HOU J, TEO T S H, ZHOU F, et al. Does industrial green transformation successfully facilitate a decrease in carbon intensity in China? an environmental regulation perspective [J]. Journal of Cleaner Production, 2018(184): 1060 – 1071.

[114] JAMES A, CLARK M, EZROW L, et al. Are niche parties fundamentally different from mainstream parties? the causes and the electoral consequences of western European parties' policy shifts, 1976 - 1998[J]. American Journal of Political Science, 2006, 50(3) : 513 - 529.

[115] JIANG Z, WANG Z, LI Z. The effect of mandatory environmental regulation on innovation performance: evidence from China [J]. Journal of Cleaner Production, 2018(203): 482 - 491.

[116] JOHNSTONE N, HAŠČIČ I, POIRIER J, et al. Environmental policy stringency and technological innovation: evidence from survey data and patent counts[J]. Applied Economics, 2012, 44 (17): 2157 - 2170.

[117] KIM W, LEE J D. Measuring the role of technology-push and demand-pull in the dynamic development of the semiconductor industry: the case of the global dram market [J]. Journal of Applied Economics, 2009, 12(1):83 - 108.

[118] KNELLER R, MANDERSON E. Environmental regulations and innovation activity in UK manufacturing industries[J]. Resource and Energy Economics, 2012, 34(2): 211 - 235.

[119] LI G, WANG X, SU S, et al. How green technological innovation ability influences enterprise competitiveness? [J]. Technology in Society 2019(59):101136.

[120] LI J, KU Y, YU Y, et al. Optimizing production of new energy vehicles with across-chain cooperation under China's dual credit policy[J]. Energy, 2020, 194(1): 116832.

[121] LI W, LONG R, CHEN H. Consumers' evaluation of national new energy vehicle policy in China: an analysis based on a four paradigm model[J]. Energy Policy, 2016(99) :33 - 41.

[122] LI X, DU K, OUYANG X, et al. Does more stringent environmental regulation induce firms' innovation? evidence from the 11th Five-

year plan in China[J]. Energy Economics,2022, (112):106110.

[123] LI Y,ZHANG Q,LI H,et al. The impact of dual-credit scheme on the development of the new energy vehicle industry[J]. Energy Procedia, 2019(158): 4311-4317.

[124] LI Y, ZHANG Q, LIU B,et al. Substitution effect of new-energy vehicle credit program and corporate average fuel consumption regulation for green-car subsidy[J]. Energy, 2018(152): 223-236.

[125] LI J,KU Y,LIU C,et al. Dual credit policy: promoting new energy vehicles with battery recycling in a competitive environment? [J]. Journal of Cleaner Production, 2020, (243):118456.

[126] LI Y,ZHANG Q,TANG Y,et al. Dynamic optimization mana-gement of the dual-credit policy for passenger vehicles[J]. Journal of Cleaner Production, 2020(249):119384.

[127] LIU Z, QIAN Q, HU B,et al. Government regulation to promote coordinated emission reduction among enterprises in the green supply chain based on evolutionary game analysis[J]. Resources, Conservation and Recycling, 2022(182): 106290.

[128] LOU G,MA H,FAN T,et al. Impact of the dual-credit policy on improvements in fuel economy and the production of internal combustion engine vehicles [J]. Resources Conservation and Recycling, 2020(156): 104712.

[129] LU Y,GAO Y,ZHANG Y,et al. Can the green finance policy force the green transformation of high-polluting enterprises? a quasi-natural experiment based on "green credit guidelines"[J]. Energy Economics, 2022(114): 106265.

[130] LU Y,ZHANG L. National mitigation policy and the competitiveness of Chinese firms[J]. Energy Economics, 2022(109): 105971.

[131] LUO Y,LI X,QI X,et al. The impact of emission trading schemes on firm competitiveness: evidence of the mediating effects of firm

behaviors from the guangdong ETS[J]. Journal of Environmental Management, 2021(290):112633.

[132] MA H, LOU G, FAN T, et al. Conventional automotive supply chains under China's dual-credit policy: fuel economy, production and coordination[J]. Energy Policy, 2021(151): 112166.

[133] MA S, FAN Y, FENG L Y. An evaluation of government incentives for new energy vehicles in China focusing on vehicle purchasing restrictions[J]. Energy Policy, 2017(110):609 - 618.

[134] MA T. Coping with uncertainties in technological learning[J]. Management Science, 2010,56(1):192 - 201.

[135] MOSER S, LEITNER K, RODIN V, et al. Energy efficiency in the energy-intensive industry: barriers, optimism and R&D needs [J]. European Energy Journal, 2018(8): 11 - 22.

[136] NOHRIA N, GULATI R. Is slack good or bad for innovation? [J]. The Academy of Management Journal, 1996, 39(5):1245 - 1264.

[137] OU S, LIN Z, QI L, et al. The dual-credit policy: quantifying the policy impact on plug-in electric vehicle sales and industry profits in China [J]. Energy Policy, 2018(121): 597 - 610.

[138] OU S, LIN Z, HE X, et al. Modeling charging infrastructure impact on the electric vehicle market in China[J]. Transportation Research Part D: Transport and Environment, 2020(81):102248.

[139] PANICO C. Strategic interaction in alliances [J]. Strategic Management Journal, 2017, 38(8): 1646 - 1667.

[140] PITELIS C, WAHL M. Edith penrose: pioneer of stakeholder theory [J]. Long Range Planning, 1998, 31(2):252 - 261.

[141] PORTER M E, LINDE C. Toward a new conception of the environment - competitiveness relationship[J]. Journal of Economic Perspectives, 1995, 9 (4):97 - 118.

[142] PU X, GONG L, HAN X. Consumer free riding: coordinating sales

effort in a dual-channel supply chain [J]. Electronic Commerce Research and Applications, 2017(22): 1 - 12.

[143] RAJAN R G, ZINGALES L. Financial systems, industrial structure, and growth[J]. Oxford Review of Economic Policy, 2001, 17(4):467 - 482.

[144] RAMANATHAN R, HE Q, BLACK A, et al. Environmental regulations, innovation and firm performance: a revisit of the Porter hypothesis[J]. Journal of Cleaner Production, 2017, 155(2): 79 - 92.

[145] ROTHWELL R, ZEGVELD W. Industrial innovation and public policy: preparing for the 1980s and the 1990s [J]. American Political Science Review, 1981, 76(3):699.

[146] SCHOT J, STEINMUELLER W E. Three frames for innovation policy: R&D, systems of innovation and transformative change[J]. Research Policy, 2018, 47(9):1554 - 1567.

[147] SHAO L, YANG J, ZHANG M. Subsidy scheme or price discount scheme? mass adoption of electric vehicles under different market structures [J]. European Journal of Operational Research, 2017, 262(3): 1181 - 1195.

[148] SHENG J, ZHOU W, ZHANG S. The role of the intensity of environmental regulation and corruption in the employment of manufacturing enterprises: evidence from China [J]. Journal of Cleaner Production, 2019, 219(10): 244 - 257.

[149] SONG M, WANG S, SUN J. Environmental regulations, staff quality, green technology, R&D efficiency, and profit in manufacturing[J]. Technological Forecasting and Social Change, 2018(133): 1 - 14.

[150] STAVINS R N, JAFFE J. Linkage of tradable permit systems in international climate policy architecture [R]. Fondazione Eni Enrico Mattei, 2008.

[151] SZUCS F. Research subsidies, industry-university cooperation and

innovation [J]. Research Policy, 2018, 47(7): 1256 - 1266.

[152] TIAN C, LI X, XIAO L, et al. Exploring the impact of green credit policy on green transformation of heavy polluting industries [J]. Journal of Cleaner Production, 2022, (335):130257.

[153] WANG Z, LI X, XUE X, et al. More government subsidies, more green innovation? the evidence from Chinese new energy vehicle enterprises[J]. Renewable Energy, 2022(197): 11 - 21.

[154] WU F, Li P, DONG X, et al. Exploring the effectiveness of China's dual credit policy in a differentiated automobile market when some consumers are environmentally aware [J]. Energy Economics, 2022, 111 (1): 106077.

[155] XIE R, YUAN Y, HUANG J. Different types of environmental regulations and heterogeneous influence on "green" productivity: evidence from China[J]. Ecological Economics, 2017(132): 104 - 112.

[156] XIE X, YANG Y, GU J, et al. Research on the contagion effect of associated credit risk in supply chain based on dual-channel financing mechanism [J]. Environmental Research, 2020, (184):109356.

[157] YAN N, ZHANG Y, XU X, et al. Online finance with dual channels and bidirectional free-riding effect [J]. International Journal of Production Economics, 2021(231): 107834.

[158] YANG D, MENG J, YANG L, et al. Dual-credit policy of new energy automobile at China: inhibiting scale or intermediary of innovation? [J]. Energy Strategy Reviews, 2022(43): 100932.

[159] YASUDA H, IIJIMA J. Linkage between strategic alliances and firm's business strategy: the case of semiconductor industry [J]. Technovation, 2005(25), 513 - 521.

[160] ZHANG B, XU L. Multi-item production planning with carbon cap and trade mechanism [J]. International Journal of Production Economics, 2013, 144(1): 118 - 127.

[161] ZHANG H, ZHAO F, HAO H, et al. Effect of Chinese corporate average fuel consumption and new energy vehicle dual-credit regulation on passenger cars average fuel consumption analysis[J]. International Journal of Environmental Research and Public Health, 2021, 18(14): 7218.

[162] ZHANG J, NIE T, DU S. Optimal emission-dependent production policy with stochastic demand [J]. International Journal of Society Systems Science, 2011, 3(1-2): 21-39.

[163] ZHANG L, QIN Q. China's new energy vehicle policies: evolution, comparison and recommendation [J]. Transportation Research Part A: Policy and Practice, 2018(110): 57-72.

[164] ZHAO X, ZHAO Y, ZENG S, et al. Corporate behavior and competitiveness: impact of environmental regulation on Chinese firms[J]. Journal of Cleaner Production, 2015(86):311-322.

[165] ZHOU Y W, GUO J, ZHOU W. Pricing/service strategies for a dual-channel supply chain with free riding and service-cost sharing [J]. International Journal of Production Economics, 2018, 196 (FEB.):198-210.

[166] ZHOU D, YU Y, WANG Q, et al. Effects of a generalized dual-credit system on green technology investments and pricing decisions in a supply chain [J]. Journal of Environmental Management, 2019 (247): 269-280.

[167] ZHU Z, ZHU Z, XU P, et al. Exploring the impact of government subsidy and R&D investment on financial competitiveness of China's new energy listed companies: an empirical study[J]. Energy Reports, 2019(5): 919-925.

[168] ZUO Z, LIN Z. Government R&D subsidies and firm innovation performance: the moderating role of accounting information quality [J]. Journal of Innovation & Knowledge, 2022, 7(2): 100176.

索　引